RÉPUBLIQUE FRANÇAISE

MINISTÈRE DU COMMERCE ET DE L'INDUSTRIE

# CONSERVATOIRE NATIONAL DES ARTS ET MÉTIERS

## OFFICE NATIONAL

DE

## LA PROPRIÉTÉ INDUSTRIELLE

392, Rue Saint-Martin, 392. — PARIS (IIIᵉ)

RECUEIL DE LÉGISLATION

CONCERNANT

# La Propriété Industrielle et Commerciale

Tome I. — LÉGISLATION FRANÇAISE

GSLR

PARIS

LIBRAIRIE DES SCIENCES ET DE L'INDUSTRIE

Louis GEISLER, Imprimeur-Éditeur

4, Rue de Médicis, 4

1911

RECUEIL DE LÉGISLATION

CONCERNANT

# La Propriété Industrielle et Commerciale

---

## Tome I. — LÉGISLATION FRANÇAISE

RÉPUBLIQUE FRANÇAISE

MINISTÈRE DU COMMERCE ET DE L'INDUSTRIE

# CONSERVATOIRE NATIONAL DES ARTS ET MÉTIERS

## OFFICE NATIONAL

DE

# LA PROPRIÉTÉ INDUSTRIELLE

292, Rue Saint-Martin, 292. — PARIS (III<sup>e</sup>)

RECUEIL DE LÉGISLATION

CONCERNANT

# La Propriété Industrielle et Commerciale

Tome I. — LÉGISLATION FRANÇAISE

PARIS

LIBRAIRIE DES SCIENCES ET DE L'INDUSTRIE

Louis GEISLER, Imprimeur-Éditeur

1, Rue de Médicis, 1

1911

# PRÉFACE

La création de l'Office national de la Propriété industrielle, qui a été institué par la loi du 9 juillet 1901, a réalisé des réformes depuis longtemps attendues par tous ceux que préoccupent les questions de brevets, de marques de fabrique, de dessins et modèles industriels.

Un grand nombre de pays avaient déjà créé un service de ce genre.

La France, à qui revient l'honneur d'avoir, une des premières, établi une législation complète en pareille matière, et qui n'a jamais négligé l'étude des moyens propres à assurer à la propriété industrielle et commerciale la protection la plus sérieuse et la plus efficace, ne pouvait rester plus longtemps en arrière.

La convention internationale du 20 mars 1883 portait que chacun des États contractants s'engageait à établir un service spécial de la Propriété industrielle et un dépôt central pour la communication au public des brevets d'invention et des marques de fabrique. Les conditions dans lesquelles ce service fonctionnait au Ministère du Commerce et de l'Industrie, étaient défectueuses et incommodes pour le public. La nécessité d'une organisation plus complète et mieux appropriée aux exigences de la production nationale s'imposait d'autant plus que des institutions analogues fondées à l'étranger y avaient acquis un développement considérable. Il importait que les inventeurs et industriels français rencontrassent, chez nous autant de facilités que leurs concurrents, à l'étranger. C'est à ce besoin que devait satisfaire la création de l'Office national de la Propriété industrielle. L'événement n'a pas tardé à démontrer que la centralisation des services au Conservatoire national des Arts et Métiers, au milieu du quartier des affaires, répondait à un réel intérêt ; l'affluence des visiteurs dans les salles de communication des brevets français, des marques de fabrique et de la bibliothèque des brevets étrangers qui renferme plus de 23.000 volumes, est une preuve évidente que la création nouvelle constitue une œuvre féconde pour le monde industriel. Aucun pays n'a plus que le nôtre le devoir de veiller aux intérêts de ses inventeurs, car c'est le génie de ses savants et l'habileté de ses ouvriers qui ont consacré, de tout temps, sa réputation industrielle ; c'est par le développement et la constante application des intelligences, de leurs facultés d'invention et de travail que l'industrie peut accomplir des progrès nouveaux et accroître la richesse nationale.

Le Recueil de Législation que nous publions aujourd'hui, est un instrument de vulgarisation sur lequel nous comptons pour initier le public aux différentes connaissances qu'il est appelé à mettre quotidiennement en pratique dans les différentes branches de la Propriété industrielle.

L'Office national est très fréquemment saisi de demandes de renseignements concernant la législation française et la législation étrangère. Les diverses lois qui régissent la matière, ont bien été publiées dans le *Bulletin Officiel de la Propriété Industrielle et Commerciale*, et c'est à cette source de renseignements que, dans la plupart des cas, l'Office a renvoyé jusqu'ici les intéressés, en les engageant à consulter la collection de ce journal, dont le service est fait à toutes les Préfectures, Sous-Préfectures, Chambres de commerce et Chambres consultatives des Arts et Manufactures ; mais, le Bulletin, qui est publié depuis 1884, ne comprend pas, à l'heure actuelle, moins de vingt-huit volumes dans lesquels les recherches présentent d'assez grandes difficultés.

Il peut, d'ailleurs, être utile pour les personnes qui désirent se renseigner sur les formalités à remplir pour le dépôt d'une demande de brevet ou l'enregistrement d'une marque de fabrique à Berne ou dans un pays étranger, de ne pas être astreintes, pour s'éclairer, à se déplacer et à lire des textes souvent fort longs.

Dans ces conditions, il a paru nécessaire de mettre à la disposition du public un recueil renfermant les textes des lois qui régissent actuellement, en France, les diverses manifestations de la Propriété industrielle (brevets d'invention, marques de fabrique ou de commerce, dessins et modèles industriels, nom commercial, concurrence déloyale, indications de provenance, secret de fabrique, médailles et récompenses industrielles, expositions publiques), en même temps que les différentes conventions d'union et un résumé succinct des diverses prescriptions à observer dans les pays étrangers pour la protection des inventions brevetables et des marques de fabrique.

Tel est le but du présent Recueil pour la rédaction duquel nous avons mis largement à contribution les renseignements publiés par le Bureau international de Berne, dans le journal *La Propriété Industrielle*, en ce qui touche la législation étrangère.

Nous n'avons pas la prétention d'avoir fait, dès le début, quelque chose d'absolument complet ni qui soit à l'abri de la critique. La hâte d'aboutir nous a déterminé à ne pas retarder cette publication, malgré des lacunes et des imperfections que nous pourrions signaler nous-mêmes à nos lecteurs ; nous ne le faisons pas, pour leur laisser le plaisir de la découverte personnelle, en les remerciant d'avance des observations qu'ils pourront formuler et dont nous nous ferons un devoir de tenir compte dans une seconde édition.

# AVERTISSEMENT
## pour la seconde Édition

La faveur avec laquelle a été accueilli le Recueil de Législation concernant la Propriété industrielle et commerciale, les services que cette publication a rendus ont déterminé l'Office national de la Propriété industrielle à en faire une nouvelle édition devenue d'ailleurs indispensable par suite des nombreuses modifications survenues depuis 1904, tant dans notre propre législation que dans les diverses législations étrangères.

Cette édition comprend trois volumes :

Le premier est réservé à la législation française dont le texte est reproduit *in extenso*. C'est un véritable code sur la matière.

Le deuxième volume comprend des notices concernant la législation étrangère à laquelle vient s'ajouter, cette fois, un chapitre spécial relatif aux *Dessins et Modèles* qui n'avait pu trouver place dans l'édition précédente. Notre but, étant donné la place limitée qui nous était réservée, n'est pas de publier une analyse complète des lois étrangères qui régissent la matière des brevets d'invention, des marques, des dessins et modèles, mais seulement de fournir aux intéressés les principaux renseignements qui leur sont nécessaires pour effectuer leurs dépôts dans les différents pays (formalités du dépôt, durée de la protection, taxes, etc., etc.).

Les personnes qui désireraient avoir de plus grandes précisions auront, d'ailleurs, la faculté de se reporter à la collection du *Bulletin Officiel de la Propriété Industrielle et Commerciale*. A cet effet, une annotation placée au bas de la page indique, pour chaque pays, les numéros du Bulletin dans lesquels est reproduit le texte de ces lois.

Le troisième volume renferme le texte des conventions d'Union ainsi que celui des différents traités, conventions ou accords conclus entre la France et les pays étrangers, en matière de Propriété industrielle.

Nous espérons que ce nouvel ouvrage, plus complet que celui qui l'a précédé, sera, en raison de la documentation unique qu'il renferme, apprécié par les inventeurs, les commerçants, les industriels et les jurisconsultes ainsi que par ceux qui s'intéressent aux questions de Propriété industrielle.

# BREVETS D'INVENTION

LOI du 5 juillet 1844, modifiée par les lois des 31 mai 1856, 7 avril 1902, et par la loi de finances du 26 décembre 1908.

## TITRE PREMIER

### DISPOSITIONS GÉNÉRALES

ARTICLE PREMIER. — Toute nouvelle découverte ou invention dans tous les genres d'industrie confère à son auteur, sous les conditions et pour le temps ci-après déterminés, le droit exclusif d'exploiter à son profit ladite découverte ou invention.

Ce droit est constaté par des titres délivrés par le Gouvernement, sous le nom de *brevets d'invention*.

ART. 2. — Seront considérées comme inventions ou découvertes nouvelles :

L'invention de nouveaux produits industriels ;

L'invention de nouveaux moyens ou l'application nouvelle de moyens connus, pour l'obtention d'un résultat ou d'un produit industriel.

ART. 3. — Ne sont pas susceptibles d'être brevetés :

1° Les compositions pharmaceutiques ou remèdes de toute espèce, lesdits objets demeurant soumis aux lois et règlements spéciaux sur la matière, et notamment au décret du 18 août 1810, relatif aux remèdes secrets ;

2° Les plans et combinaisons de crédit ou de finances.

ART. 4. — La durée des brevets sera de cinq, dix ou quinze années.

Chaque brevet donnera lieu au paiement d'une taxe, qui est fixée ainsi qu'il suit, savoir :

500 francs pour un brevet de cinq ans ;
1.000 — — — dix ans ;
1.500 — — — quinze ans.

Cette taxe sera payée par annuités de 100 francs, sous peine de déchéance si le breveté laisse écouler un terme sans l'acquitter.

# TITRE II

## DES FORMALITÉS RELATIVES A LA DÉLIVRANCE DES BREVETS

### SECTION PREMIÈRE. — *Des demandes de brevets*

ART. 5. — Quiconque voudra prendre un brevet d'invention devra déposer, sous cachet, au Secrétariat de la Préfecture, dans le département où il est domicilié, ou dans tout autre département, en y élisant domicile :

1º Sa demande au Ministre de l'Agriculture et du Commerce ([1]) ;

2º Une description de la découverte, invention ou application faisant l'objet du brevet demandé ;

3º Les dessins ou échantillons qui seraient nécessaires pour l'intelligence de la description ;

4º Un bordereau des pièces déposées.

Dans le département de la Seine, le dépôt des demandes de brevets aura lieu aux Bureaux de l'Office national de la Propriété industrielle. *(Art. 58 de la loi de finances du 26 Décembre 1908.)*

ART. 6. — La demande sera limitée à un seul objet principal, avec les objets de détail qui le constituent et les applications qui auront été indiquées.

Elle mentionnera la durée que les demandeurs entendent assigner à leur brevet dans les limites fixées par l'article 4, et ne contiendra ni restrictions, ni conditions, ni réserves.

Elle indiquera un titre renfermant la désignation sommaire et précise de l'objet de l'invention.

La description ne pourra être écrite en langue étrangère. Elle devra être sans altération ni surcharges. Les mots rayés comme nuls seront comptés et constatés, les pages et les renvois paraphés. Elle ne devra contenir aucune dénomination de poids ou de mesures autres que celles qui sont portées au tableau annexé à la loi du 4 juillet 1837 ([2]).

Les dessins seront tracés à l'encre et d'après une échelle métrique.

---

[1] Aujourd'hui Ministre du Commerce et de l'Industrie.
[2] Aujourd'hui loi du 11 juillet 1903.

Un duplicata de la description et des dessins sera joint à la demande.

Toutes les pièces seront signées par le demandeur ou par un mandataire, dont le pouvoir restera annexé à la demande.

Art. 7. — Aucun dépôt ne sera reçu que sur la production d'un récépissé constatant le versement d'une somme de 100 francs à valoir sur le montant de la taxe du brevet.

Un procès-verbal dressé sans frais par le Secrétaire général de la Préfecture dans les départements et à Paris par le Directeur de l'Office national de la Propriété industrielle constatera chaque dépôt, en énonçant le jour et l'heure de la remise des pièces. *(Art. 58 de la loi du 26 Décembre* 1908.*)*

Une expédition dudit procès-verbal sera remise au déposant, moyennant le remboursement des frais de timbre.

Art. 8. — La durée du brevet courra du jour du dépôt prescrit par l'article 5.

## Section II. — *De la délivrance des brevets*

Art. 9. — Aussitôt après l'enregistrement des demandes, et dans les cinq jours de la date du dépôt, les préfets transmettront les pièces, sous le cachet de l'inventeur, au Ministre de l'Agriculture et du Commerce, en y joignant une copie certifiée du procès-verbal de dépôt, le récépissé constatant le versement de la taxe et, s'il y a lieu, le pouvoir mentionné dans l'article 6.

Art. 10. — A l'arrivée des pièces au Ministère de l'Agriculture et du Commerce, il sera procédé à l'ouverture, à l'enregistrement des demandes et à l'expédition des brevets, dans l'ordre de la réception desdites demandes.

Art. 11 (modifié par la loi du 7 avril 1902). — Les brevets dont la demande aura été régulièrement formée seront délivrés sans examen préalable, aux risques et périls des demandeurs, et sans garantie soit de la réalité, de la nouveauté ou du mérite de l'invention, soit de la fidélité ou de l'exactitude de la description.

Un arrêté du Ministre, constatant la régularité de la demande, sera délivré au demandeur et constituera le brevet d'invention.

A cet arrêté sera joint un exemplaire imprimé de la description et des dessins mentionnés dans l'article 24, après que la conformité avec l'expédition originale en aura été reconnue et établie au besoin.

La première expédition des brevets sera délivrée sans frais.

Toute expédition ultérieure, demandée par le breveté ou ses ayants cause, donnera lieu au paiement d'une taxe de 25 francs.

Les frais de dessin, s'il y a lieu, demeureront à la charge de l'impétrant.

La délivrance n'aura lieu qu'un an après le jour du dépôt de la demande si ladite demande renferme une réquisition expresse à cet effet.

Le bénéfice de la disposition qui précède ne pourra être réclamé par ceux qui auraient déjà profité des délais de priorité accordés par des traités de réciprocité, notamment par l'article 4 de la Convention internationale pour la Protection de la Propriété industrielle du 20 mars 1883.

ART. 12. — Toute demande dans laquelle n'auraient pas été observées les formalités prescrites par les nos 2 et 3 de l'article 5 et par l'article 6 sera rejetée. La moitié de la somme versée restera acquise au Trésor, mais il sera tenu compte de la totalité de cette somme au demandeur s'il reproduit sa demande dans un délai de trois mois, à compter de la date de la notification du rejet de sa requête.

ART. 13. — Lorsque, par application de l'article 3, il n'y aura pas lieu à délivrer un brevet, la taxe sera restituée.

ART. 14. — Une ordonnance royale, insérée au *Bulletin des Lois*, proclamera, tous les trois mois, les brevets délivrés.

ART. 15. — La durée des brevets ne pourra être prolongée que par une loi.

## SECTION III. — *Des certificats d'addition*

ART. 16. — Le breveté ou les ayants droit au brevet auront, pendant toute la durée du brevet, le droit d'apporter à l'invention des changements, perfectionnements ou additions, en remplissant, pour le dépôt de la demande, les formalités déterminées par les articles 5, 6 et 7.

Ces changements, perfectionnements ou additions seront constatés par des certificats délivrés dans la même forme que le brevet principal, et qui produiront, à partir des dates respectives des demandes et de leur expédition, les mêmes effets que ledit brevet principal, avec lequel ils prendront fin.

Chaque demande de certificat d'addition donnera lieu au paiement d'une taxe de 20 francs.

Les certificats d'addition pris par un des ayants droit profiteront à tous les autres.

Art. 17. — Tout breveté qui, pour un changement, perfectionnement ou addition, voudra prendre un brevet principal de cinq, dix ou quinze années, au lieu d'un certificat d'addition expirant avec le brevet primitif, devra remplir les formalités prescrites par les articles 5, 6 et 7 et acquitter la taxe mentionnée dans l'article 4.

Art. 18. — Nul autre que le breveté ou ses ayants droit, agissant comme il est dit ci-dessus, ne pourra, pendant une année, prendre valablement un brevet pour un changement, perfectionnement ou addition à l'invention qui fait l'objet du brevet primitif.

Néanmoins, toute personne qui voudra prendre un brevet pour changement, addition ou perfectionnement à une découverte déjà brevetée, pourra, dans le cours de ladite année, former une demande qui sera transmise et restera déposée sous cachet au Ministère de l'Agriculture et du Commerce (¹).

L'année expirée, le cachet sera brisé et le brevet délivré.

Toutefois, le breveté principal aura la préférence pour les changements, perfectionnements et additions pour lesquels il aurait lui-même, pendant l'année, demandé un certificat d'addition ou un brevet.

Art. 19. — Quiconque aura pris un brevet pour une découverte, invention ou application se rattachant à l'objet d'un autre brevet, n'aura aucun droit d'exploiter l'invention déjà brevetée, et réciproquement le titulaire du brevet primitif ne pourra exploiter l'invention objet du nouveau brevet.

Section IV. — *De la transmission et de la cession des brevets*

Art. 20. — Tout breveté pourra céder la totalité ou partie de la propriété de son brevet.

La cession totale ou partielle d'un brevet, soit à titre gratuit, soit à titre onéreux, ne pourra être faite que par acte notarié, après le paiement de la totalité de la taxe déterminée par l'article 4.

Aucune cession ne sera valable à l'égard des tiers qu'après avoir

---

(1) Aujourd'hui Ministre du Commerce et de l'Industrie.

été enregistrée au Secrétariat de la Préfecture du département dans lequel l'acte aura été passé.

L'enregistrement des actes passés dans le département de la Seine aura toutefois lieu dans les Bureaux de l'Office national ae la Propriété industrielle. ( *Art. 58 de la loi de finances du 26 décembre 1908.*)

L'enregistrement des cessions et de tous autres actes comportant mutation sera fait sur la production et le dépôt d'un extrait authentique de l'acte de cession ou de mutation.

Une expédition de chaque procès-verbal d'enregistrement, accompagnée de l'extrait de l'acte ci-dessus mentionné, sera transmise par le préfet au Ministre de l'Agriculture et du Commerce (¹), dans les cinq jours de la date du procès-verbal.

Art. 21. — Il sera tenu, au Ministère de l'Agriculture et du Commerce (¹), un registre sur lequel seront inscrites les mutations intervenues sur chaque brevet, et, tous les trois mois, une ordonnance royale proclamera, dans la forme déterminée par l'article 14, les mutations enregistrées pendant le trimestre expiré.

Art. 22. — Les cessionnaires d'un brevet et ceux qui auront acquis d'un breveté ou de ses ayants droit la faculté d'exploiter la découverte ou l'invention profiteront de plein droit des certificats d'addition qui seront ultérieurement délivrés au breveté ou à ses ayants droit. Réciproquement, le breveté ou ses ayants droit profiteront des certificats d'addition qui seront ultérieurement délivrés aux cessionnaires.

Tous ceux qui auront droit de profiter des certificats d'addition pourront en lever une expédition au Ministère de l'Agriculture et du Commerce (¹), moyennant un droit de 20 francs.

### Section V. — *De la communication et de la publication des descriptions et dessins de brevets*

Art. 23. — Les descriptions, dessins, échantillons et modèles de brevets délivrés resteront, jusqu'à l'expiration des brevets, déposés au Ministère de l'Agriculture et du Commerce (¹), où ils seront communiqués sans frais à toute réquisition.

Toute personne pourra obtenir, à ses frais, copie desdites descrip-

---

(1) Aujourd'hui Ministre du Commerce et de l'Industrie (Office national de la Propriété industrielle, 292, rue Saint-Martin, à Paris).

tions et dessins, suivant les formes qui seront déterminées dans le règlement rendu en exécution de l'article 50.

ART. 24 (Modifié par la loi du 7 avril 1902). — Les descriptions et dessins de tous les brevets d'invention et certificats d'addition seront publiés *in extenso*, par fascicules séparés, dans leur ordre d'enregistrement.

Cette publication, relativement aux descriptions et dessins des brevets, pour la délivrance desquels aura été requis le délai d'un an prévu par l'article 11, n'aura lieu qu'après l'expiration de ce délai.

Il sera, en outre, publié un catalogue des brevets d'invention délivrés.

Un arrêté du Ministre du Commerce et de l'Industrie déterminera : 1º les conditions de forme, dimensions et rédaction que devront présenter les descriptions et dessins, ainsi que les prix de vente des fascicules imprimés et les conditions de publication du catalogue ; 2º les conditions à remplir par ceux qui, ayant déposé une demande de brevet en France et désirant déposer à l'étranger des demandes analogues avant la délivrance du brevet français, voudront obtenir une copie officielle des documents afférents à leur demande en France. Toute expédition de cette nature donnera lieu au paiement d'une taxe de 25 francs ; les frais de dessin, s'il y a lieu, seront à la charge de l'impétrant.

ART. 25. — Le recueil des descriptions et dessins et le catalogue publiés en exécution de l'article précédent seront déposés au Ministère de l'Agriculture et du Commerce (¹), et au Secrétariat de la Préfecture de chaque département, où ils pourront être consultés sans frais.

ART. 26. — A l'expiration des brevets, les originaux des descriptions et dessins seront déposés au Conservatoire royal des Arts et Métiers.

## TITRE III

### DES DROITS DES ÉTRANGERS

ART. 27. — Les étrangers pourront obtenir en France des brevets d'invention.

---

(1) Aujourd'hui Ministère du Commerce et de l'Industrie (Office national de la Propriété Industrielle, 292, rue Saint-Martin, à Paris).

ART. 28. — Les formalités et conditions déterminées par la présente loi seront applicables aux brevets demandés ou délivrés en exécution de l'article précédent.

ART. 29. — L'auteur d'une invention ou découverte déjà brevetée à l'étranger pourra obtenir un brevet en France ; mais la durée de ce brevet ne pourra excéder celle des brevets antérieurement pris à l'étranger.

## TITRE IV

### DES NULLITÉS ET DÉCHÉANCES, ET DES ACTIONS Y RELATIVES

#### SECTION PREMIÈRE. — *Des nullités et déchéances*

ART. 30. — Seront nuls et de nul effet les brevets délivrés dans les cas suivants, savoir :

1º Si la découverte, invention ou application n'est pas nouvelle ;

2º Si la découverte, invention ou application n'est pas, aux termes de l'article 3, susceptible d'être brevetée ;

3º Si les brevets portent sur des principes, méthodes, systèmes, découvertes et conceptions théoriques ou purement scientifiques, dont on n'a pas indiqué les applications industrielles ;

4º Si la découverte, invention ou application est reconnue contraire à l'ordre ou à la sûreté publique, aux bonnes mœurs ou aux lois du royaume, sans préjudice, dans ce cas et dans celui du paragraphe précédent, des peines qui pourraient être encourues pour la fabrication ou le débit d'objets prohibés ;

5º Si le titre sous lequel le brevet a été demandé indique frauduleusement un objet autre que le véritable objet de l'invention ;

6º Si la description jointe au brevet n'est pas suffisante pour l'exécution de l'invention, ou si elle n'indique pas d'une manière complète et loyale, les véritables moyens de l'inventeur ;

7º Si le brevet a été obtenu contrairement aux dispositions de l'article 18.

Seront également nuls et de nul effet les certificats comprenant des changements, perfectionnements ou additions qui ne se rattacheraient pas au brevet principal.

Art. 31. — Ne sera pas réputée nouvelle toute découverte, invention ou application qui, en France ou à l'étranger, et antérieurement à la date du dépôt de la demande, aura reçu une publicité suffisante pour pouvoir être exécutée.

Art. 32 (Modifié par la loi du 7 avril 1902). — Sera déchu de tous ses droits :

1° Le breveté qui n'aura pas acquitté son annuité avant le commencement de chacune des années de la durée de son brevet ;

L'intéressé aura, toutefois, un délai de trois mois au plus pour effectuer valablement le paiement de son annuité, mais il devra verser, en outre, une taxe supplémentaire de 5 francs, s'il effectue le paiement dans le premier mois, de 10 francs, s'il effectue le paiement dans le second mois, et de 15 francs, s'il effectue le paiement dans le troisième mois.

Cette taxe supplémentaire devra être acquittée en même temps que l'annuité en retard ;

2° Le breveté qui n'aura pas mis en exploitation sa découverte ou invention en France, dans le délai de deux ans (¹), à dater du jour de la signature du brevet, ou qui aura cessé de l'exploiter pendant deux années consécutives, à moins que, dans l'un ou l'autre cas, il ne justifie des causes de son inaction ;

3° (Modifié par la loi du 31 mai 1856). Le breveté qui aura introduit en France des objets fabriqués en pays étranger et semblables à ceux qui sont garantis par son brevet.

Néanmoins, le Ministre de l'Agriculture, du Commerce et des Travaux publics (²) pourra autoriser l'introduction :

1° Des modèles de machines ;

2° Des objets fabriqués à l'étranger, destinés à des expositions publiques ou à des essais faits avec l'assentiment du Gouvernement.

Art. 33. — Quiconque, dans des enseignes, annonces, prospectus, affiches, marques ou estampilles, prendra la qualité de breveté sans posséder un brevet délivré conformément aux lois, ou après l'expiration d'un brevet antérieur ; ou qui, étant breveté, mentionnera sa

---

(1) Ce délai est porté à 3 ans, à dater de la date du dépôt de leur demande de brevet en France pour les Français et les sujets ou citoyens des États ayant adhéré à la Convention du 20 mars 1883 (Voir la loi du 1ᵉʳ juillet 1906, page 40, et l'art. 3 bis du protocole de clôture de la Convention internationale du 20 mars 1883.) V. Tome II. Conventions internationales).
(2) Aujourd'hui Ministre du Commerce et de l'Industrie.

qualité de breveté ou son brevet sans y ajouter ces mots : *sans garantie du Gouvernement*, sera puni d'une amende de 50 francs à 1.000 francs.

En cas de récidive, l'amende pourra être portée au double.

## Section II. — *Des actions en nullité et en déchéance*

Art. 34. — L'action en nullité et l'action en déchéance pourront être exercées par toute personne y ayant intérêt.

Ces actions ainsi que toutes contestations relatives à la propriété des brevets seront portées devant les tribunaux civils de première instance.

Art. 35. — Si la demande est dirigée en même temps contre le titulaire du brevet et contre un ou plusieurs cessionnaires partiels, elle sera portée devant le Tribunal du domicile du titulaire du brevet.

Art. 36. — L'affaire sera instruite et jugée dans la forme prescrite pour les matières sommaires par les articles 405 et suivants du Code de procédure civile. Elle sera communiquée au Procureur du Roi.

Art. 37. — Dans toute instance tendant à faire prononcer la nullité ou la déchéance absolue d'un brevet, le ministère public pourra se rendre partie intervenante et prendre des réquisitions pour faire prononcer la nullité ou la déchéance absolue du brevet.

Il pourra même se pourvoir directement par action principale pour faire prononcer la nullité, dans les cas prévus aux nos 2º, 4º et 5º de l'article 30.

Art. 38. — Dans les cas prévus par l'article 37, tous les ayants droit au brevet dont les titres auront été enregistrés au Ministère de l'Agriculture et du Commerce (¹), conformément à l'article 21, devront être mis en cause.

Art. 39. — Lorsque la nullité ou la déchéance absolue d'un brevet aura été prononcée par jugement ou arrêt ayant acquis force de chose jugée, il en sera donné avis au Ministre de l'Agriculture et du Commerce (¹) et la nullité ou la déchéance sera publiée dans la forme déterminée par l'article 14 pour la proclamation des brevets.

---

(1) Aujourd'hui Ministre du Commerce et de l'Industrie.

# TITRE V

## DE LA CONTREFAÇON, DES POURSUITES ET DES PEINES

ART. 40. — Toute atteinte portée aux droits du breveté, soit par la fabrication de produits, soit par l'emploi de moyens faisant l'objet de son brevet, constitue le délit de contrefaçon.

Ce délit sera puni d'une amende de 100 à 2.000 francs.

ART. 41. — Ceux qui auront sciemment recélé, vendu ou exposé en vente, ou introduit sur le territoire français un ou plusieurs objets contrefaits, seront punis des mêmes peines que les contrefacteurs.

ART. 42. — Les peines établies par la présente loi ne pourront être cumulées.

La peine la plus forte sera seule prononcée pour tous les faits antérieurs au premier acte de poursuite.

ART. 43. — Dans le cas de récidive, il sera prononcé, outre l'amende portée aux articles 40 et 41, un emprisonnement d'un mois à six mois.

Il y a récidive lorsqu'il a été rendu contre le prévenu, dans les cinq années antérieures, une première condamnation pour un des délits prévus par la présente loi.

Un emprisonnement d'un mois à six mois pourra aussi être prononcé, si le contrefacteur est un ouvrier ou un employé ayant travaillé dans les ateliers ou dans l'établissement du breveté, ou si le contrefacteur, s'étant associé avec un ouvrier ou un employé du breveté, a eu connaissance, par ce dernier, des procédés décrits au brevet.

Dans ce dernier cas, l'ouvrier ou l'employé pourra être poursuivi comme complice.

ART. 44. — L'article 463 du code pénal pourra être appliqué aux délits prévus par les dispositions qui précèdent.

ART. 45. — L'action correctionnelle, pour l'application des peines ci-dessus, ne pourra être exercée par le ministère public que sur la plainte de la partie lésée.

ART. 46. — Le Tribunal correctionnel, saisi d'une action pour délit de contrefaçon, statuera sur les exceptions qui seraient tirées par le prévenu, soit de la nullité ou de la déchéance du brevet, soit des questions relatives à la propriété dudit brevet.

ART. 47. — Les propriétaires de brevets pourront, en vertu d'une ordonnance du Président du Tribunal de première instance, faire procéder, par tous huissiers, à la désignation et description détaillées, avec ou sans saisie, des objets prétendus contrefaits.

L'ordonnance sera rendue sur simple requête, et sur la représentation du brevet ; elle contiendra, s'il y a lieu, la nomination d'un expert pour aider l'huissier dans sa description.

Lorsqu'il y aura lieu à la saisie, ladite ordonnance pourra imposer au requérant un cautionnement qu'il sera tenu de consigner avant d'y faire procéder.

Le cautionnement sera toujours imposé à l'étranger breveté qui requerra la saisie.

Il sera laissé copie au détenteur des objets décrits ou saisis, tant de l'ordonnance que de l'acte constatant le dépôt du cautionnement, le cas échéant ; le tout, à peine de nullité et de dommages-intérêts contre l'huissier.

ART. 48. — A défaut par le requérant de s'être pourvu, soit par la voie civile, soit par la voie correctionnelle, dans le délai de huitaine, outre un jour par trois myriamètres de distance entre le lieu où se trouvent les objets saisis ou décrits et le domicile du contrefacteur, recéleur, introducteur ou débitant, la saisie ou description sera nulle de plein droit, sans préjudice des dommages-intérêts qui pourront être réclamés, s'il y a lieu, dans la forme prescrite par l'article 36.

ART. 49. — La confiscation des objets reconnus contrefaits, et, le cas échéant, celle des instruments ou ustensiles destinés spécialement à leur fabrication, seront, même en cas d'acquittement, prononcées contre le contrefacteur, le recéleur, l'introducteur ou le débitant.

Les objets confisqués seront remis au propriétaire du brevet, sans préjudice de plus amples dommages-intérêts et de l'affiche du jugement, s'il y a lieu.

# TITRE VI

## DISPOSITIONS PARTICULIÈRES ET TRANSITOIRES

ART. 50. — Des ordonnances royales, portant règlement d'administration publique, arrêteront les dispositions nécessaires pour l'exécution de la présente loi, qui n'aura effet que trois mois après sa promulgation.

Art. 51. — Des ordonnances rendues dans la même forme pourront régler l'application de la présente loi dans les colonies, avec les modifications qui seront jugées nécessaires.

Art. 52. — Seront abrogées, à compter du jour où la présente loi sera devenue exécutoire, les lois des 7 janvier et 25 mai 1791, celle du 20 septembre 1792, l'arrêté du 17 vendémiaire an VII, l'arrêté du 5 vendémiaire an IX, les décrets du 25 novembre 1806 et 25 janvier 1807, et toutes dispositions antérieures à la présente loi relatives aux brevets d'invention, d'importation et de perfectionnement.

Art. 53. — Les brevets d'invention, d'importation et de perfectionnement actuellement en exercice, délivrés conformément aux lois antérieures à la présente, ou prorogés par ordonnance royale, conserveront leur effet pendant tout le temps qui aura été assigné à leur durée.

Art. 54. — Les procédures commencées avant la promulgation de la présente loi seront mises à fin conformément aux lois antérieures.

Toute action soit en contrefaçon, soit en nullité ou déchéance de brevet, non encore intentée, sera suivie conformément aux dispositions de la présente loi, alors même qu'il s'agirait de brevets délivrés antérieurement.

---

**ARRÊTÉ** du 21 octobre 1848 qui règle l'application, dans les Colonies, de la loi du 5 juillet 1844, sur les brevets d'invention.

Article premier. — La loi du 5 juillet 1844, sur les brevets d'invention, recevra son application dans les Colonies à partir de la publication du présent arrêté.

Art. 2. — Quiconque voudra prendre, dans les Colonies, un brevet d'invention devra déposer, en triple expédition, les pièces exigées par l'article 5 de la loi précitée dans les Bureaux du Directeur de l'Intérieur; le procès-verbal constatant ce dépôt, sera dressé sur un registre à ce destiné et signé par ce fonctionnaire et par le demandeur, conformément à l'article 7 de ladite loi.

Art. 3. — Avant de procéder à la rédaction de ce procès-verbal de dépôt, le Directeur de l'Intérieur se fera représenter : 1º le récépissé délivré par le Trésorier de la Colonie, constatant le versement de la somme de 100 francs, pour la première annuité de la taxe ; 2º chacune des pièces, en triple expédition, énoncées aux paragraphes 1er, 2, 3 et 4 de l'article 5 de la loi de 1844. Une expédition de chacune de ces pièces restera déposée sous cachet dans les Bureaux de la Direction pour y recourir au besoin ; les deux autres expéditions seront enfermées dans une seule enveloppe scellée et cachetée par le déposant.

Art. 4. — Le Gouvernement de chaque Colonie devra, dans le plus bref délai, après l'enregistrement des demandes, transmettre au Ministre de l'Agriculture et du Commerce (¹), par l'entremise du Ministre de la Marine et des Colonies (²), l'enveloppe cachetée contenant les deux expéditions dont il s'agit, en y joignant une copie certifiée du procès-verbal, le récépissé de versement de la première annuité de la taxe, et, le cas échéant, le pouvoir du mandataire.

Art. 5. — Les brevets délivrés seront transmis, dans le plus bref délai, aux titulaires, par l'entremise du Ministre de la Marine et des Colonies (²).

Art. 6. — L'enregistrement des cessions de brevets, dont il est parlé en l'article 20 de la loi du 5 juillet 1844, devra s'effectuer dans les Bureaux du Directeur de l'Intérieur. Les expéditions des procès-verbaux d'enregistrement, accompagnées des extraits authentiques d'actes de cession et de récépissés de la totalité de la taxe seront transmises au Ministre de l'Agriculture et du Commerce (¹), conformément à l'article 4 du présent arrêté.

Art. 7. — Les taxes prescrites par les articles 4, 7, 11 et 22 de la loi du 5 juillet 1844 seront versées entre les mains du Trésorier de chaque colonie qui devra faire opérer le versement au Trésor public et transmettre au Ministre de l'Agriculture et du Commerce (¹), par la même voie, l'état de recouvrement des taxes.

Art. 8. — Les actions pour délits de contrefaçon seront jugées par les Cours d'appel dans les Colonies. Le délai des distances, fixé par l'article 8 de ladite loi, sera modifié conformément aux ordonnances qui, dans les Colonies, régissent la procédure en matière civile.

---

(1) Aujourd'hui Ministre du Commerce et de l'Industrie.
(2) Aujourd'hui Ministre des Colonies.

## DÉCRET du 5 juillet 1850 réglementant pour l'Algérie l'application de la loi du 5 juillet 1844.

ARTICLE PREMIER. — La loi du 5 juillet 1844, sur les brevets d'invention, recevra son application en Algérie, à partir de la promulgation du présent décret.

ART. 2. — Les pièces exigées par l'article 5 de la loi précitée devront être déposées en triple expédition au Secrétariat de la Préfecture, à Alger, Oran ou Constantine. Une expédition de ces pièces restera déposée sous cachet au Secrétariat général de la Préfecture où le dépôt aura été fait pour y recourir au besoin, les deux autres expéditions seront enfermées dans une seule enveloppe scellée et cachetée par le déposant, pour être adressée au Ministre de la Guerre (1).

ART. 3. — Le Préfet devra, dans le plus bref délai, après l'enregistrement des demandes, adresser au Ministre de la Guerre, qui la transmettra au Ministre de l'Agriculture et du Commerce (1), l'enveloppe cachetée contenant les deux expéditions dont il s'agit, en y joignant les autres pièces exigées par l'article 7 de la loi du 5 juillet 1844. Les brevets délivrés seront envoyés par le Ministre du Commerce (2) au Ministre de la Guerre (3), qui les transmettra aux Préfets pour être remis aux demandeurs.

ART. 4. — Les taxes prescrites par les articles 4, 7, 11 et 22 de la loi du 5 juillet 1844 seront acquittées entre les mains du Trésorier-payeur qui les versera au Trésor, et qui enverra au Ministre de la Guerre (1), pour être transmis au Ministre de l'Agriculture et du Commerce (1), un état de recouvrement des taxes.

ART. 5. — Les actions pour délits et contrefaçons seront jugées par les Tribunaux compétents en Algérie. Le délai des distances fixé par l'article 48 de la loi du 5 juillet 1844 sera modifié conformément aux lois et décrets qui, dans l'Algérie, régissent la procédure en matière civile.

----

(1) D'après le décret de rattachement du 26 août 1881, l'envoi des demandes de brevet est fait directement par le Gouverneur général au Ministère du Commerce et de l'Industrie.
(2) Aujourd'hui Ministre du Commerce et de l'Industrie.
3) L'envoi des brevets est effectué aujourd'hui directement aux Préfets de l'Algérie.

**DÉCRET du 29 juin 1906 rendant applicable à l'Algérie la loi du 7 avril 1902 portant modification des articles 11, 24 et 32 de la loi du 5 juillet 1844 sur les brevets d'invention.**

ARTICLE PREMIER. — La loi du 7 avril 1902 susvisée est rendue exécutoire en Algérie.

ART. 2. — Le Ministre du Commerce, de l'Industrie et du Travail est chargé de l'exécution du présent décret, qui sera inséré au *Bulletin des Lois* et publié au *Journal Officiel* de la République française.

---

**DÉCRET du 24 juin 1893 rendant applicables en Indo-Chine les lois des 5 juillet 1844, 31 mai 1856 et 23 mai 1868, sur les brevets d'invention.**

ARTICLE PREMIER. — La loi du 5 juillet 1844, sur les brevets d'invention,

La loi du 31 mai 1856, qui modifie l'article 32 de la loi précitée du 5 juillet 1844,

La loi du 23 mai 1868 (¹), relative à la garantie des inventions susceptibles d'être brevetées et des dessins de fabrique admis aux expositions publiques,

Sont applicables en Indo-Chine française, sous la réserve des modifications suivantes :

ART. 2. — Quiconque voudra prendre en Indo-Chine un brevet d'invention devra déposer en triple expédition les pièces exigées par l'article 5 de la loi du 5 juillet 1844, dans les Bureaux du Secrétariat général de la Cochinchine, à Saïgon, et dans ceux de la Résidence supérieure :

Au Cambodge, à Pnom-Penh ;
En Annam, à Hué ;
Au Tonkin, à Hanoï.

Le procès-verbal constatant ce dépôt sera dressé sur un registre à ce destiné, et signé par le Secrétaire général ou le Résident supérieur,

---

(1) Cette loi est actuellement abrogée et remplacée par la loi du 13 avril 1908 dont le texte est inséré ci-après (page 124).

d'une part, et le demandeur, de l'autre, conformément à l'article 7 de ladite loi.

ART. 3. — Avant de procéder à la rédaction du procès-verbal de dépôt, le Secrétaire général ou le Résident supérieur se fera représenter :

1° Le récépissé constatant le versement au Trésor de la somme de 100 francs pour la première annuité de la taxe ;

2° Chacune des pièces, en triple expédition, énoncées aux paragraphes 1er, 2, 3 et 4 de l'article 5 de la loi du 5 juillet 1844.

Une expédition de chacune de ces pièces restera déposée sous cachet dans les Bureaux du Secrétariat général ou de la Résidence supérieure, pour y recourir au besoin. Les deux autres expéditions seront enfermées dans une seule enveloppe scellée et cachetée par le déposant.

ART. 4. — Aussitôt après l'enregistrement des demandes, le Gouverneur général de l'Indo-Chine devra, dans les trente jours de la date du dépôt, transmettre au département du Commerce et de l'Industrie, par l'entremise du Ministre chargé des Colonies, l'enveloppe cachetée contenant les deux expéditions dont il s'agit, en y joignant une copie certifiée du procès-verbal, le récépissé du versement de la première annuité de la taxe et, le cas échéant, le pouvoir du mandataire.

ART. 5. — Les brevets délivrés seront transmis, dans le plus bref délai, aux titulaires, par l'entremise du Ministre chargé des Colonies.

ART. 6. — L'enregistrement des cessions de brevets dont il est parlé en l'article 20 de la loi du 5 juillet 1844, devra s'effectuer dans les Bureaux du Secrétariat général ou de la Résidence supérieure.

Les expéditions des procès-verbaux d'enregistrement, accompagnées des extraits authentiques d'actes de cession et des récépissés de la totalité de la taxe, seront transmises au Ministre du Commerce et de l'Industrie, conformément à l'article 4 du présent décret.

ART. 7. — Les taxes prescrites par les articles 4, 7, 11 et 22 de la loi du 5 juillet 1844 seront versées entre les mains du Trésorier-payeur, qui devra faire opérer le versement au Trésor public et transmettre au Ministre du Commerce et de l'Industrie, par la même voie, l'état des recouvrements des taxes.

ART. 8. — Les actions pour délits de contrefaçon seront jugées par les Tribunaux correctionnels de l'Indo-Chine.

Le délai des distances fixé par l'article 48 de ladite loi sera modifié conformément aux textes qui régissent en Indo-Chine la procédure en matière civile.

ART. 9. — En général, les attributions conférées aux Préfets et aux Sous-Préfets par les lois sus-visées des 5 juillet 1844, 31 mai 1856 et 23 mai 1868, seront exercées : en Cochinchine par le Secrétaire général ; au Cambodge, en Annam et au Tonkin par le Résident supérieur.

---

### DÉCRET du 28 octobre 1902 rendant applicables à Madagascar les lois des 5 juillet 1844, 31 mai 1856, 23 mai 1868 et 7 avril 1902 sur les brevets d'invention.

ARTICLE PREMIER. — La loi du 5 juillet 1844 sur les brevets d'invention ;

La loi du 31 mai 1856, qui modifie l'article 32 de la loi précitée du 5 juillet 1844 ;

La loi du 23 mai 1868, relative à la garantie des inventions susceptibles d'être brevetées et des dessins de fabrique admis aux expositions publiques ;

La loi du 7 avril 1902, portant modification de divers articles de la loi du 5 juillet 1844 sur les brevets d'invention ;

Sont rendues applicables dans la Colonie de Madagascar et dépendances sous réserve des modifications suivantes :

ART. 2. — Quiconque voudra prendre à Madagascar un brevet d'invention, devra déposer en triple expédition les pièces exigées par l'article 5 de la loi du 5 juillet 1844 dans les Bureaux du Gouvernement général à Tananarive.

Le procès-verbal constatant ce dépôt sera dressé sur un registre à ce destiné et signé par le Secrétaire général, d'une part, et le demandeur, d'autre part, conformément à l'article 7 de ladite loi.

ART. 3. — Avant de procéder à la rédaction du procès-verbal de dépôt, le Secrétaire général se fera représenter :

1° Le récépissé constatant le versement au Trésor de la somme de 100 francs pour la première annuité de la taxe ;

2° Chacune des pièces en triple expédition énoncées aux paragraphes 1er, 2, 3 et 4 de l'article 5 de la loi du 5 juillet 1844.

Une expédition de chacune de ces pièces restera déposée dans les Bureaux du Gouvernement général pour y recourir au besoin. Elle sera placée sous pli cacheté par le demandeur.

Les deux autres expéditions seront enfermées dans une seule enveloppe scellée et cachetée par le déposant.

ART. 4. — Aussitôt après l'enregistrement des demandes, le Gouverneur général de Madagascar devra, dans le plus bref délai et au plus tard dans les trente jours de la date du dépôt, transmettre au département du Commerce et de l'Industrie, par l'entremise du Ministre des Colonies, l'enveloppe cachetée contenant les deux expéditions dont il s'agit, en y joignant une copie certifiée du procès-verbal, le récépissé du versement de la première annuité de la taxe et, le cas échéant, le pouvoir du mandataire.

ART. 5. — Les brevets délivrés seront transmis dans le plus bref délai, aux titulaires, par l'intermédiaire du Ministre des Colonies.

ART. 6. — L'enregistrement des cessions de brevet, dont il est parlé à l'article 20 de la loi du 5 juillet 1844, devra s'effectuer dans les Bureaux du Gouvernement général.

Les expéditions de procès-verbaux d'enregistrement, accompagnées des extraits authentiques d'actes de cession et des récépissés de la totalité de la taxe, seront transmises au Ministre du Commerce et de l'Industrie, conformément à l'article 4 du présent décret.

ART. 7. — Les taxes prescrites par les articles 4 et 7 de la loi du 5 juillet 1844 et par l'article premier de la loi du 7 avril 1902 modifiant et complétant les articles 11, 24 et 32 de la loi du 5 juillet 1844 et de la loi du 31 mai 1856 seront versées entre les mains du Trésorier-payeur qui devra faire opérer le versement au Trésor public et transmettre au Ministre du Commerce et de l'Industrie l'état de recouvrement des taxes.

ART. 8. — Les actions pour délits de contrefaçon seront déférées aux Tribunaux de première instance et aux Justices de paix à compétence étendue jugeant correctionnellement.

ART. 9. — Les affaires seront instruites et jugées dans la forme prescrite pour les matières sommaires par les articles 404 et suivants du Code de procédure civile. Elles seront communiquées au Procureur de la République ou à l'Officier du Ministère public près la Justice de paix à compétence étendue.

ART. 10. — Les propriétaires de brevet pourront, en vertu d'une ordonnance du Tribunal de première instance ou du Juge de paix à compétence étendue, faire procéder par tous les huissiers à la désignation et description détaillées, avec ou sans saisie, des objets prétendus contrefaits.

ART. 11. — Les attributions conférées aux Préfets et aux Sous-Préfets par les lois sus-visées des 5 juillet 1844, 31 mai 1856, 23 mai 1868 et 7 avril 1902 seront exercées à Madagascar par le Secrétaire général.

## ARRÊTÉ du 31 mai 1902 relatif aux demandes, descriptions et dessins, à la délivrance et à l'impression des brevets d'invention (1).

ARTICLE PREMIER. — L'Office déjà institué au Conservatoire national des Arts et Métiers et virtuellement destiné à centraliser les services relatifs aux brevets d'invention, aux dessins et modèles industriels et aux marques de fabrique ou de commerce, s'appellera désormais Office national de la Propriété industrielle.

## ARRÊTÉ du 31 décembre 1902 relatif aux demandes, descriptions et dessins, à la délivrance et à l'impression des brevets d'invention.

. . . . . . . . . . . . . . . . . . .

ART. 16. — L'arrêté ministériel du 31 mai 1902 est abrogé sauf l'article 1er, relatif au changement de titre de l'Office national de la Propriété industrielle.

## ARRÊTÉ du 11 août 1903 relatif aux demandes, descriptions et dessins, à la délivrance et à l'impression des brevets d'invention.

Le Ministre du Commerce, de l'Industrie, des Postes et des Télégraphes :

Vu la loi du 5 juillet 1844 sur les brevets d'invention ;

Vu la loi du 7 avril 1902, modifiant les articles 11, 24 et 32 de ladite loi ;

(1) Les autres dispositions contenues dans cet arrêté ont été successivement remplacées par celles des arrêtés du 31 décembre 1902 et du 11 août 1903.

Vu, notamment, l'article 6 et le paragraphe 4 de l'article 24 (nouveau) qui est ainsi conçu :

Un arrêté du Ministre du Commerce et de l'Industrie déterminera : 1° les conditions de forme, dimensions et rédaction que devront présenter les descriptions et dessins, ainsi que les prix de vente des fascicules imprimés et les conditions de publication du catalogue ; 2° les conditions à remplir par ceux qui, ayant déposé une demande de brevet en France et désirant déposer à l'étranger des demandes analogues avant la délivrance du brevet français, voudront obtenir une copie officielle des documents afférents à leur demande en France. Toute expédition de cette nature donnera lieu au paiement d'une taxe de 25 francs ; les frais de dessin, s'il y a lieu, seront à la charge de l'impétrant ;

Vu les arrêtés ministériels des 3 septembre 1901, 31 mai et 31 décembre 1902 ;

Vu l'avis de la Commission technique de l'Office national de la Propriété industrielle, en date du 11 juillet 1903;

Sur le rapport du Directeur du Commerce et de l'Industrie,

Arrête :

ARTICLE PREMIER. — Les descriptions et les dessins annexés aux demandes de brevets d'invention et de certificats d'addition, conformément aux articles 5, 6 et 16 de la loi du 5 juillet 1844, seront fournis en double exemplaire, dont l'un constituera l'original, l'autre le duplicata.

ART. 2. — 1° Les descriptions seront rédigées correctement en langue française, aussi brièvement que possible, sans longueurs ni répétitions inutiles. Elles devront avoir le caractère d'une notice impersonnelle. Elles seront écrites à l'encre ou imprimées en caractères nets et lisibles sur un papier de format uniforme, de 33 centimètres de hauteur sur 21 centimètres de largeur, avec une marge de 4 centimètres. Elles ne seront écrites ou imprimées (original et duplicata) que sur le recto de la feuille.

Elles ne se référeront qu'aux figures du dessin sans jamais mentionner les planches ;

2° Les descriptions ne devront pas dépasser cinq cents lignes de cinquante lettres chacune, sauf dans les cas exceptionnels où la nécessité d'un plus long développement serait reconnue par l'Office national de la Propriété industrielle, sur l'avis de la Commission technique ;

3° Afin d'en assurer l'authenticité, les divers feuillets de la description, solidement réunis par le côté gauche, seront numérotés dans le haut, en chiffres arabes, du premier au dernier inclusivement, et chacun d'eux sera paraphé dans le bas. Le nombre de feuillets dont elle se compose sera mentionné et certifié à la fin de la description. Les renvois en marge devront être également paraphés. Leur nombre ainsi que celui des mots rayés comme nuls sera certifié à la fin de la description ;

4° Aucun dessin ne devra figurer dans le texte ni en marge des descriptions ;

5° L'en-tête de la description sera libellé conformément au tableau A annexé au présent arrêté ;

6° Le titre de l'invention doit être très exactement reproduit sur la requête, le pouvoir s'il y en a un, la description et le récépissé de la recette.

Il sera une désignation sommaire et précise de l'objet de l'invention ;

7° La description débutera, s'il y a lieu, par un préambule qui sera un exposé aussi clair et concis que possible de ce qui constitue l'invention.

Elle doit être suffisante pour l'exécution de l'invention et indiquer, d'une manière complète et loyale, les véritables moyens de l'inventeur ;

8° Les lettres ou chiffres de référence devront, dans la description, se suivre dans leur ordre normal.

Les figures des dessins devront être indiquées dans leur ordre normal ;

9° Sous le titre de *Résumé*, la description sera terminée par un résumé aussi concis que possible des points caractéristiques de l'invention. Ce résumé comportera l'énoncé succinct du principe fondamental de l'invention, et, s'il y a lieu, des points secondaires qui la caractérisent.

Le résumé sera énonciatif et non descriptif ;

10° Si au cours de la description, il est fait mention de brevets antérieurs, français ou étrangers, ils seront désignés par leur date de dépôt, par leur numéro et le pays d'origine. Si lesdits brevets ne sont pas encore délivrés, ils seront désignés par leur date de dépôt et par le titre de l'invention.

ART. 3. — La description de l'invention devra être limitée à un seul objet principal avec les objets de détail qui le constituent et les applications qui auront été indiquées.

S'il est reconnu qu'une description n'est pas limitée à une seule invention, l'Office national de la Propriété industrielle pourra, sur l'avis de la Commission technique, autoriser le demandeur à restreindre sa demande à un seul objet principal.

Art. 4. — 1° Les dessins seront exécutés selon les règles du dessin linéaire, sans grattage ni surcharge, sur des feuilles de papier ayant les dimensions suivantes : 33 centimètres de hauteur sur 21 centimètres ou 42 centimètres de largeur, avec une marge intérieure de 2 centimètres, de sorte que le dessin soit compris dans un cadre de 29 centimètres sur 17 centimètres, ou 29 centimètres sur 38 centimètres. Ce cadre devra être constitué par un trait unique de 1/2 millimètre d'épaisseur environ ;

2° Dans le cas où il serait impossible de représenter l'objet de l'invention par des figures pouvant tenir dans un cadre de 29 sur 38 centimètres, le demandeur aura la faculté de subdiviser une même figure en plusieurs parties dont chacune sera dessinée sur une feuille ayant les dimensions ci-dessus déterminées ; la section des figures sera indiquée par des lignes de raccordement munies de lettres ou chiffres de référence. Lorsque le demandeur usera de cette faculté, il devra fournir (dans un cadre de dimensions réglementaires) une figure d'ensemble de l'objet de l'invention où seront tracées les lignes de raccordement des figures partielles ;

3° Les figures seront numérotées, sans interruption, de la première à la dernière, à l'aide de chiffres arabes très correctement dessinés, précédés des lettres Fig. ;

4° Les planches seront numérotées en chiffres romains. Les chiffres seront placés en dehors du cadre. Exemple : Pl. I. S'il n'y a qu'une planche, on indiquera « Planche unique » ;

5° On inscrira très lisiblement, en tête de chaque planche en dehors du cadre, savoir : à gauche, la mention Brevet n°... ; au milieu, le nom de l'inventeur ; à droite, le numéro d'ordre de chaque planche, et le nombre de planches en chiffres arabes. Exemple : Pl. IV. 5 ;

6° Le duplicata sera tracé à l'encre, en traits réguliers, pleins (continus ou pointillés) et parfaitement noirs, sur papier bristol ou autre papier complètement blanc, fort et lisse, permettant la reproduction par un procédé dérivé de la photographie. Aucunes teintes plates, ombres ou lavis, ne devront être apposées ; les coupes seront indiquées par des hachures très régulières, suffisamment espacées et accentuées pour se prêter à la réduction visée par l'alinéa 10, ci-après.

Les surfaces convexes ou concaves pourront être ombrées au moyen de traits horizontaux ou verticaux parallèles plus ou moins espacés ;

7º L'original pourra être exécuté sur toile ou sur papier et porter des teintes ;

8º Les lettres de référence et le mot Fig. placé avant le numéro de chaque figure, devront être du type des caractères latins d'imprimerie. Les mêmes pièces seront désignées par les mêmes lettres ou chiffres dans toutes les figures.

Une même lettre ou un même chiffre ne pourra pas désigner des pièces différentes ;

9º Les dessins annexés à une demande de brevet ou de certificat d'addition ne pourront comprendre plus de dix feuilles du grand ou du petit format, sauf dans les cas exceptionnels où l'utilité d'un plus grand nombre de planches serait reconnue par l'Office national, sur l'avis de la Commission technique ;

10º L'échelle employée sera suffisamment grande pour qu'il soit possible de reconnaitre exactement l'objet de l'invention et les dessins dans tous leurs détails, sur une reproduction réduite aux deux tiers de leur grandeur.

L'échelle ne sera pas mentionnée ni figurée sur les dessins (¹);

11º Les dessins ne contiendront aucune légende ou indication, timbre, signature ou mention d'aucune sorte autre que le numéro des figures et les lettres ou chiffres de référence, dont la hauteur sera de 3 à 8 millimètres. On ne devra employer que des caractères latins. Les lettres ou chiffres de références, qui devront être de dimensions uniformes et très correctement dessinés, pourront être pourvus d'un exposant, dans des cas exceptionnels. Ils seront rejetés en dehors des figures et des lignes, auxquelles on les raccordera par des attaches. Les lignes de coupe et de raccordement seront indiquées par des lettres ou chiffres semblables :

A A. B B. a a. b b. 1 1. 2 2.

Les caractères grecs pourront être employés pour désigner des angles ;

12º Les diverses figures, séparées les unes des autres par un espace de 1 centimètre environ, devront être disposées de façon que le dessin puisse toujours être lu dans le sens de la hauteur de 33 centimètres, ainsi que les lettres, chiffres et indications des figures.

---

(1) Une échelle métrique est toutefois admise lorsqu'elle est indispensable pour l'intelligence des dessins.

Lorsqu'une figure se composera de plusieurs parties détachées, elles devront être réunies par une accolade ;

13° Les légendes reconnues nécessaires par les demandeurs pour l'intelligence de leurs dessins, seront placées dans le corps de la description. A titre d'exception, il est néanmoins permis de faire figurer certaines mentions sur les dessins, quand elles sont indispensables pour en faciliter la compréhension (telles que eau, gaz, vapeur, ouvert, fermé, ligne de terre, etc.), mais aucune indication ne devra être écrite en langue étrangère ;

14° Les dessins seront remis, lors du dépôt, à plat, entre deux feuilles de carton fort, de manière à être exempts de plis ou de cassures ;

Art. 5. — L'original et le duplicata de la description et des dessins seront signés par le demandeur ou son mandataire. En ce qui concerne les dessins, la signature sera placée au dos des planches. Il en sera de même des désignations « original » et « duplicata ». Le nom du demandeur et de son mandataire, s'il y a lieu, devra y être mentionné d'une façon très lisible après la signature. Le duplicata sera, en outre, sous la responsabilité du signataire, certifié conforme à l'original.

La description et les dessins ne porteront aucune date. Le mandataire fera précéder sa signature de l'indication « par procuration de M..... » ou « par procuration de la Société..... ».

Art. 6. — 1° La demande de brevet d'invention ou de certificat d'addition devra être datée et indiquer, outre leurs noms et prénoms, la nationalité des demandeurs et le pays dans lequel ils résident au moment du dépôt, si ce pays est différent de celui de la nationalité.

Le demandeur devra indiquer son adresse exacte ; s'il a constitué un mandataire, il fera élection de domicile chez son mandataire ; toutefois, l'adresse exacte du demandeur sera indiquée dans la demande;

2° Elle devra indiquer la date du premier dépôt fait à l'étranger et le pays dans lequel il a eu lieu, lorsque le demandeur voudra être au bénéfice de ce dépôt;

3° Le bordereau des pièces annexées à la demande devra mentionner le nombre de pages de la description et le nombre des planches de dessin déposées;

4° La demande et le bordereau seront établis sur une feuille de papier de 33 centimètres sur 21 centimètres, conformément au tableau B annexé au présent arrêté;

5° La description, les dessins annexés, la demande et le bordereau des pièces seront déposés dans une enveloppe fermée ; une copie du bordereau sera reproduite sur l'enveloppe.

ART. 7. — Quand le demandeur voudra que la délivrance de son brevet d'invention ou de son certificat d'addition n'ait lieu qu'un an après le jour du dépôt de sa demande, conformément au paragraphe 7 de l'article 11 de la loi du 5 juillet 1844, modifiée par la loi du 7 avril 1902, cette réquisition devra être formulée d'une façon expresse et formelle et à l'encre rouge dans la demande ; elle devra, en outre, être reproduite sur la face et au dos de l'enveloppe et signée par le demandeur ou son mandataire.

ART. 8. — Avant la délivrance, toute demande de brevet ou de certificat d'addition pourra être retirée par son auteur, s'il le réclame par écrit. Les pièces déposées lui seront restituées. S'il présente cette requête dans un délai de deux mois à partir du dépôt, la taxe versée lui sera remboursée. Ce délai expiré, la taxe restera acquise au Trésor.

La demande de retrait d'un brevet formulée par un mandataire doit être accompagnée d'un pouvoir spécial émanant du demandeur en brevet ou de ses ayants droit. *(Arrêté du 3 mars 1909.)*

Toutefois, celui qui, en vertu des dispositions de l'article 10 ci-après, aura réclamé une copie officielle des pièces déposées à l'appui de sa demande, ne pourra plus retirer celle-ci.

ART. 9. — 1º Lorsque la demande d'un brevet aura été reconnue régulière, ce brevet sera délivré par un arrêté du Ministre du Commerce et de l'Industrie, constatant la régularité de ladite demande. Dès que l'arrêté aura été rendu, il en sera donné avis au demandeur ou à son mandataire, par l'Office national de la Propriété industrielle, qui transmettra en même temps les pièces à l'Imprimerie nationale, pour qu'elles soient imprimées, conformément à l'article 24 de la loi du 5 juillet 1844, modifiée par la loi du 7 avril 1902. Cet avis contiendra l'indication de la date de l'arrêté, du numéro donné au brevet, et du titre de l'invention. Il sera procédé de même pour les certificats d'addition ;

2º Lorsque la description et les dessins du brevet ou certificat d'addition seront imprimés, une ampliation de l'arrêté ministériel précité, à laquelle sera annexé un exemplaire imprimé de la description et des dessins déposés, sera expédiée au demandeur ; à partir du jour de cette expédition, la description et les dessins imprimés pourront être consultés sans frais à l'Office national de la Propriété industrielle et dans les Préfectures ;

3º Le titulaire du brevet aura un délai de trois mois, à dater de la remise de cette ampliation, pour signaler à l'Office national de la Propriété industrielle les erreurs ou inexactitudes qui auraient pu se produire dans l'impression de sa description ou de ses dessins ; passé ce délai, aucune réclamation ne sera admise.

Art. 10. — Si, avant l'impression de son brevet ou certificat d'addition, le demandeur désire obtenir une copie officielle de la description déposée par lui, il devra en faire la demande et produire en même temps un récépissé constatant le versement dans une Recette des finances d'une taxe de 25 francs s'il s'agit d'un brevet d'invention, et de 20 francs s'il s'agit d'un certificat d'addition.

Les frais de dessin, s'il y a lieu, seront à la charge de l'impétrant.

Art. 11. — Le prix maximum de vente de chaque fascicule imprimé des descriptions et des dessins de brevets d'invention ou certificats d'addition est fixé à 1 franc.

Art. 12. — 1° Les descriptions et les dessins qui ne seraient point exécutés dans les conditions prescrites par le présent arrêté seront renvoyés au demandeur, avec invitation d'avoir à fournir de nouvelles pièces régulières dans le délai d'un mois ;

2° Il ne pourra être apporté aux descriptions et dessins, sous peine de rejet, aucune modification qui serait de nature à augmenter l'étendue et la portée des inventions ;

3° Un exemplaire, conservé par l'Office national de la Propriété industrielle, servira à vérifier la concordance entre les documents successivement produits ;

4° Dans le cas où le déposant ne répondrait pas audit avis dans le délai imparti, la demande de brevet d'invention ou de certificat d'addition sera rejetée conformément à l'article 12 de la loi du 5 juillet 1844 ;

5° En cas de nécessité justifiée, le délai accordé au déposant pourra être augmenté sur sa demande.

Art. 13. — Aucune demande de brevet d'invention ou de certificat d'addition ne pourra être rejetée comme irrégulière pour infraction aux prescriptions du présent arrêté, notamment au point de vue de la rédaction de la description et de l'établissement des dessins, qu'après un avis conforme de la Commission technique de l'Office national de la Propriété industrielle, le demandeur ou son mandataire préalablement entendu en ses explications ou dûment appelé devant ladite Commission.

Art. 14. — Les présentes dispositions seront applicables aux démandes de brevets d'invention et de certificats d'addition, dont le dépôt sera effectué un mois après la date du présent arrêté.

ART. 15. — L'arrêté ministériel du 31 décembre 1902 est abrogé, sauf l'article 16.

---

Tableau A.

MÉMOIRE DESCRIPTIF DÉPOSÉ A L'APPUI D'UNE DEMANDE

DE

# BREVET D'INVENTION

DE                    ANS

——————————————————— (Ici le titre de l'invention)

——————————— (Ici le ou les noms du ou des demandeurs)

DEMANDÉ LE———————————191

S'il s'agit d'un *Certificat d'addition*, l'en-tête de la description sera libellé comme suit :

MÉMOIRE DESCRIPTIF DÉPOSÉ A L'APPUI D'UNE DEMANDE
DE CERTIFICAT D'ADDITION

1re (2e OU 3e, ETC.) **ADDITION**

——————————————— (Ici le titre du brevet).

——————————— (Ici le nom ou les noms du ou des demandeurs).

BREVET PRIS LE———————19

DEMANDÉE LE———————19

## Tableau B.

Demandé d'un
Brevet d'invention

## A Monsieur le Ministre du COMMERCE ET DE L'INDUSTRIE

*Monsieur le Ministre,*

**Inventeur**
- Nom
- Prénoms
- Adresse
- Nationalité

.....l'honneur de vous adresser la demande d'un...........Brevet d'invention de quinze années.

**Titre**

pour

A cette demande sont annexés, suivant le bordereau ci-dessous détaillé
1° Un mémoire descriptif en double expédition ;
2° ............dessin en double expédition

**Convention Internationale**

(Indiquer, s'il y a lieu, la date du premier dépôt et le pays dans lequel il a été effectué).

**Ajournement de la délivrance à un an**

(Indiquer si le brevet doit être délivré de suite ou dans un an, à compter du jour du dépôt de la demande).

### BORDEREAU DES PIÈCES DÉPOSÉES

Conformément à l'article 5 de la loi du 5 juillet 1844

| | | |
|---|---|---|
| 1° Mémoire descriptif : Original (.......... pages) | . . . . . . | 1 |
| 2° — Duplicata (.......... pages) | . . . . . . | 1 |
| 3° Dessin : Original (.......... planche) | . . . . . . | |
| 4° — Duplicata ( » planche) | . . . . . . | |
| 5° Demande adressée à Monsieur le Ministre du Commerce et de l'Industrie. | . . . . . . | 1 |

TOTAL. . . . . . . . .

Veuillez agréer, Monsieur le Ministre, l'assurance de mon profond respect.

(Date) : _____

(Signature) : _____

A Monsieur le Ministre
du Commerce et de l'Industrie.

**Office National de la Propriété industrielle**
*Au Conservatoire National des Arts
et Métiers*

**292, rue St-Martin      Paris (3e arr.)**

N. B. — Si la demande est présentée par un mandataire, il écrira avant le nom du demandeur « Au nom et comme mandataire de ». Le mandataire devra indiquer son adresse.

## TABLEAU SYNOPTIQUE

DES DIVERSES FORMALITÉS A OBSERVER POUR L'ÉTABLISSEMENT
DES PIÈCES D'UNE DEMANDE DE BREVET D'INVENTION
OU DE CERTIFICAT D'ADDITION

---

### Demande

Demande conforme au modèle ;
    datée ;
Nom, prénoms du demandeur très lisiblement écrits ;
Nationalité ;
    résidence réelle (adresse exacte) ;
Titre sommaire et précis de l'objet de l'invention ;
    reproduit exactement sur toutes les pièces ;
    exclusion des dénominations de fantaisie ;
Durée du brevet ;
Date et pays du premier dépôt fait à l'étranger (s'il y a lieu) ;
Réquisition d'ajournement (à l'encre rouge) (s'il y a lieu) ;

### Bordereau

Bordereau conforme au modèle
Nombre de pages de la description (original, duplicata) ;
Nombre des planches de dessins (original, duplicata) ;
Copie sur l'enveloppe fermée ;

### Description

Original et duplicata ;
    sur recto de la feuille seulement ;
    écrite ou imprimée à l'encre ;
    caractères nets et lisibles ;
    feuillets de 21 centimètres de large sur 33 centimètres de haut ;
    solidement réunis par le côté gauche ;
    numérotés en haut du premier au dernier, en chiffres arabes ;
    paraphés au bas ;
    totalisés et certifiés à la fin de la description ;
    marge effective de 0,04 centimètres.

Titre sommaire et précis ;

Préambule très concis (s'il est nécessaire à l'intelligence de la description) ;

Description limitée à un seul objet principal ;

suffisante pour l'exécution de l'invention ;

forme impersonnelle ;

correctement écrite en langue française ;

sans aucune dénomination de poids ou de mesures ou autre expression étrangère ;

aussi concise que possible sans longueurs ni répétitions inutiles ;

maximum : 25,000 lettres ;

sans croquis dans le texte ni en marge ;

référence aux figures seulement ;

mention des figures dans leur ordre normal ;

mention des lettres et chiffres de référence dans leur ordre normal ;

résumé très bref, énonciatif et non descriptif ;

renvois et adjonctions paraphés en marge ;

totalisés
certifiés } à la fin de la description ;

mots rayés nuls et suppressions paraphés ;

totalisés
certifiés } à la fin de la description ;

Signature. — Nom du demandeur (et du mandataire, s'il y a lieu), très lisiblement écrit après la signature ;

nom du mandataire précédé de l'indication : Par procuration de M.

Duplicata certifié conforme à l'original :

Description non datée.

## Dessins

Tracés d'après les règles du graphique technique ;

sans grattages ni surcharges ;

feuille de 0,33 centimètres de haut sur 0,21 centimètres de large ou 0,33 centimètres de haut sur 0,42 centimètres de large.

marge de 2 centimètres ;

cadre, trait unique de 1/2 millimètre ;

figure d'ensemble d'une figure subdivisée ;

numérotage des figures de la première à la dernière ;

chiffres arabes très correctement dessinés ;

numérotage des planches en chiffres romains en dehors du cadre ;

inscrire en dehors du cadre : Brevet. N° ... Nom... Planche... ;

duplicata tracé à l'encre (de Chine de préférence) ;

traits réguliers, pleins (continus ou pointillés) parfaitement noirs, sur papier bristol ou autre, complètement blanc, fort et lisse ;

interdiction des autographies ou reports pâles, — présentant des solutions de continuité — aux traits empâtés et écrasés ;

interdiction des teintes plates, ombres ou lavis ;

indication des coupes par des hachures très régulières et suffisamment espacées et accentuées ;

lettres de références en caractères latins d'imprimerie ;

la même lettre désignant la même pièce dans toutes les figures ;

toutes les planches de la même facture ;

maximum : 10 feuilles ;

échelle suffisamment grande eu égard à la réduction, pas mentionnée sur le dessin ou mentionnée seulement sous la forme d'une échelle métrique ;

les figures ne doivent pas être discordantes ;

interdiction des légendes, indications, timbres, signature ou mention quelconque autre que les numéros des figures et les lettres ou chiffres de référence ;

lettres ou chiffres de référence : 3 à 8 millimètres ;

caractères latins ;

de dimensions uniformes ;

très correctement dessinés ;

rejetés en dehors des figures ou des lignes, et raccordés par des attaches ;

les lignes de coupe et de raccordement, indiquées par des lettres ou chiffres semblables ;

caractères grecs pouvant indiquer les angles ;

figures séparées par un espace de 1 centimètre ;

disposées comme les lettres et chiffres de référence, de façon à pouvoir être lues dans le sens de la hauteur de 0$^m$33 ;

dépôt des dessins à plat entre deux feuilles de carton fort ;

signature au dos des planches ;

mention, original et duplicata au dos des planches ;

nom du demandeur (et du mandataire s'il y a lieu) très lisiblement écrit après la signature ;

nom du mandataire précédé de l'indication : Par procuration de M. ;

Duplicata certifié conforme à l'original ;

Dessins non datés.

## Certificat d'addition

rappeler très exactement le titre même du brevet.

## Enveloppe

reproduction d'une copie du bordereau ;
réquisition d'ajournement (s'il y a lieu) transcrite et signée sur la face
et au dos de l'enveloppe.

## MODÈLES DE LETTRES ET DE CHIFFRES
### à employer dans les dessins

A A A B B B C C C D D D E E
E F F F G G G H H H I I I K K
K L L L M M M N N N O O O P
P P Q Q Q R R R S S S T T T
U U U V V V X X X Y Y Y Z
Z Z W W W
a a a b b b c c c d d d e e e ſ
ſ ſ g g g h h h i i i j j j k k k
l l l m m m n n n o o o p p p q
q q r r r s s s t t t u u u v v v
x x x y y y z z z w w w
1 1 1 2 2 2 3 3 3 4 4 4 5 5 5
6 6 6 7 7 7 8 8 8 9 9 9 10 10
10 11 11 11 12 12 12 20 20 20
30 30 30 Fig. 1 Fig. 2 Fig. 3 Fig. 4
P P P 13 13 13 14 14 14 15 15
15 16 16 16 17 17 17 18 18 18
19 19 19 21 21 22 22 22 23 23 23

## LOI du 1ᵉʳ juillet 1906 relative à l'application en France des conventions internationales concernant la Propriété industrielle.

ARTICLE UNIQUE. — Les Français peuvent revendiquer l'application à leur profit, en France, en Algérie et dans les Colonies françaises, des dispositions de la convention internationale pour la protection de la Propriété industrielle signée à Paris, le 20 mars 1883, ainsi que des arrangements, actes additionnels et protocoles de clôture qui ont modifié ladite convention, dans tous les cas où ces dispositions sont plus favorables que la loi française pour protéger les droits dérivant de la Propriété industrielle, et notamment en ce qui concerne les délais de priorité et d'exploitation en matière de brevets d'invention.

# MARQUES DE FABRIQUE OU DE COMMERCE

LOI du 23 juin 1857, modifiée par la loi du 3 mai 1890.

## TITRE PREMIER

### DU DROIT DE PROPRIÉTÉ DES MARQUES

ARTICLE PREMIER. — La marque de fabrique ou de commerce est facultative.

Toutefois, les décrets rendus en la forme des règlements d'administration publique, peuvent exceptionnellement la déclarer obligatoire pour les produits qu'ils déterminent.

Sont considérés comme marques de fabrique et de commerce : les noms sous une forme distinctive, les dénominations, emblèmes, empreintes, timbres, cachets, vignettes, reliefs, lettres, chiffres, enveloppes et tous autres signes servant à distinguer les produits d'une fabrique ou les objets d'un commerce.

ART. 2 (modifié par la loi du 3 mai 1890). — Nul ne pourra revendiquer la propriété exclusive d'une marque s'il n'a déposé au greffe du Tribunal de Commerce de son domicile :

1° Trois exemplaires du modèle de cette marque ;

2° Le cliché typographique de cette marque.

En cas de dépôt de plusieurs marques appartenant à une même personne, il n'est dressé qu'un procès-verbal ; mais il doit être déposé autant de modèles en triple exemplaire et autant de clichés qu'il y a de marques distinctes.

L'un des exemplaires déposés sera remis au déposant revêtu du visa du greffier et portant l'indication du jour et de l'heure du dépôt.

Les dimensions du cliché ne devront pas dépasser 12 centimètres de côté.

Les clichés seront rendus aux intéressés après la publication officielle des marques par le Département du Commerce, de l'Industrie et des Colonies (¹).

Art. 3. — Le dépôt n'a d'effet que pour quinze années.

La propriété de la marque peut toujours être conservée pour un nouveau terme de quinze années au moyen d'un nouveau dépôt.

Art. 4. — Il est perçu un droit fixe d'un franc pour la rédaction du procès-verbal de dépôt de chaque marque et pour le coût de l'expédition, non compris les frais de timbre et d'enregistrement.

## TITRE II

### DISPOSITIONS RELATIVES AUX ÉTRANGERS

Art. 5. — Les étrangers qui possèdent en France des établissements d'industrie ou de commerce jouissent, pour les produits de leurs établissements, du bénéfice de la présente loi, en remplissant les formalités qu'elle prescrit.

Art. 6. — Les étrangers et les Français dont les établissements sont situés hors de France, jouissent également du bénéfice de la présente loi, pour les produits de ces établissements, si, dans les pays où ils sont situés, des conventions diplomatiques ont établi la réciprocité pour les marques françaises.

Dans ce cas, le dépôt des marques étrangères a lieu au Greffe du Tribunal de Commerce du Département de la Seine.

## TITRE III

### PÉNALITÉS

Art. 7. — Sont punis d'une amende de 50 francs à 3.000 francs et d'un emprisonnement de trois mois à trois ans, ou de l'une de ces peines seulement :

1° Ceux qui ont contrefait une marque ou fait usage d'une marque contrefaite ;

---

(1) Aujourd'hui Département du Commerce et de l'Industrie.

2º Ceux qui ont frauduleusement apposé sur leurs produits ou les objets de leur commerce une marque appartenant à autrui ;

3º Ceux qui ont sciemment vendu ou mis en vente un ou plusieurs produits revêtus d'une marque contrefaite ou frauduleusement apposée.

ART. 8. — Sont punis d'une amende de 50 francs à 2.000 francs et d'un emprisonnement d'un mois à un an, ou de l'une de ces peines seulement :

1º Ceux qui, sans contrefaire une marque, en ont fait une imitation frauduleuse de nature à tromper l'acheteur, ou ont fait usage d'une marque frauduleusement imitée ;

2º Ceux qui ont fait usage d'une marque portant des indications propres à tromper l'acheteur sur la nature du produit ;

3º Ceux qui ont sciemment vendu ou mis en vente un ou plusieurs produits revêtus d'une marque frauduleusement imitée ou portant des indications propres à tromper l'acheteur sur la nature du produit.

ART. 9. — Sont punis d'une amende de 50 francs à 1.000 francs et d'un emprisonnement de quinze jours à six mois, ou de l'une de ces peines seulement :

1º Ceux qui n'ont pas apposé sur leurs produits une marque déclarée obligatoire ;

2º Ceux qui ont vendu ou mis en vente un ou plusieurs produits ne portant pas la marque déclarée obligatoire pour cette espèce de produits ;

3º Ceux qui ont contrevenu aux dispositions des décrets rendus en exécution de l'article 1er de la présente loi.

ART. 10. — Les peines établies par la présente loi ne peuvent être cumulées.

La peine la plus forte est seule prononcée pour tous les faits antérieurs au premier acte de poursuite.

ART. 11. — Les peines portées aux articles 7, 8 et 9 peuvent être élevées au double en cas de récidive.

Il y a récidive lorsqu'il a été prononcé contre le prévenu, dans les cinq années antérieures, une condamnation pour un des délits prévus par la présente loi.

ART. 12. — L'article 463 du Code pénal peut être appliqué aux délits prévus par la présente loi.

ART. 13. — Les délinquants peuvent, en outre, être privés du droit de participer aux élections des Tribunaux et des Chambres de Commerce, des Chambres Consultatives des Arts et Manufactures, et des Conseils de Prud'hommes, pendant un temps qui n'excédera pas dix ans.

Le Tribunal peut ordonner l'affichage du jugement dans les lieux qu'il détermine, et son insertion intégrale ou par extrait dans les journaux qu'il désigne, le tout aux frais du condamné.

ART. 14. — La confiscation des produits dont la marque serait reconnue contraire aux dispositions des articles 7 et 8 peut, même en cas d'acquittement, être prononcée par le Tribunal, ainsi que celle des instruments et ustensiles ayant spécialement servi à commettre le délit.

Le Tribunal peut ordonner que les produits confisqués soient remis au propriétaire de la marque contrefaite ou frauduleusement apposée ou imitée, indépendamment de plus amples dommages-intérêts, s'il y a lieu.

Il prescrit, dans tous les cas, la destruction des marques reconnues contraires aux dispositions des articles 7 et 8.

ART. 15. — Dans le cas prévu par les deux premiers paragraphes de l'article 9, le Tribunal prescrit toujours que les marques déclarées obligatoires soient apposées sur les produits qui y sont assujettis.

Le Tribunal peut prononcer la confiscation des produits, si le prévenu a encouru, dans les cinq années antérieures, une condamnation pour un des délits prévus par les deux premiers paragraphes de l'article 9.

## TITRE IV

### JURIDICTIONS

ART. 16. — Les actions civiles relatives aux marques sont portées devant les Tribunaux civils et jugées comme matières sommaires.

En cas d'action intentée par la voie correctionnelle, si le prévenu soulève pour sa défense des questions relatives à la propriété de la marque, le Tribunal de police correctionnelle statue sur l'exception.

ART. 17. — Le propriétaire d'une marque peut faire procéder par tous huissiers à la description détaillée, avec ou sans saisie, des produits qu'il prétend marqués à son préjudice en contravention aux dispositions de la présente loi, en vertu d'une ordonnance du Président du Tribunal civil de première instance ou du Juge de paix du canton à défaut de Tribunal dans le lieu où se trouvent les produits à décrire ou à saisir.

L'ordonnance est rendue sur simple requête et sur la présentation du procès-verbal constatant le dépôt de la marque. Elle contient, s'il y a lieu, la nomination d'un expert, pour aider l'huissier dans sa description.

Lorsque la saisie est requise, le juge peut exiger du requérant un cautionnement qu'il est tenu de consigner avant de faire procéder à la saisie.

Il est laissé copie, aux détenteurs des objets décrits ou saisis, de l'ordonnance et de l'acte constatant le dépôt du cautionnement, le cas échéant ; le tout à peine de nullité et de dommages-intérêts contre l'huissier.

Art. 18. — A défaut par le requérant de s'être pourvu soit par la voie civile, soit par la voie correctionnelle, dans le délai de quinzaine, outre un jour par 5 myriamètres de distance entre le lieu où se trouvent les objets décrits ou saisis et le domicile de la partie contre laquelle l'action doit être dirigée, la description ou saisie est nulle de plein droit, sans préjudice des dommages-intérêts qui peuvent être réclamés, s'il y a lieu.

## TITRE V

### DISPOSITIONS GÉNÉRALES OU TRANSITOIRES

Art. 19. — Tous produits étrangers portant soit la marque, soit le nom d'un fabricant résidant en France, soit l'indication du nom ou du lieu d'une fabrique française, sont prohibés à l'entrée et exclus du transit et de l'entrepôt, et peuvent être saisis, en quelque lieu que ce soit, soit à la diligence de l'administration des douanes, soit à la requête du Ministère public ou de la partie lésée.

Dans le cas où la saisie est faite à la diligence de l'administration des douanes, le procès-verbal de saisie est immédiatement adressé au Ministère public.

Le délai dans lequel l'action prévue par l'article 18 devra être intentée, sous peine de nullité de la saisie, soit par la partie lésée, soit par le Ministère public, est porté à deux mois.

Les dispositions de l'article 14 sont applicables aux produits saisis en vertu du présent article.

Art. 20. — Toutes les dispositions de la présente loi sont applicables aux vins, eaux-de-vie et autres boissons, aux bestiaux, grains, farines, et généralement à tous les produits de l'agriculture.

Art. 21. — Tout dépôt de marques opéré au greffe du Tribunal de Commerce antérieurement à la présente loi aura effet pour quinze années, à dater de l'époque où ladite loi sera exécutoire.

Art. 22. — La présente loi ne sera exécutoire que six mois après sa promulgation. Un règlement d'administration publique déterminera les formalités à remplir pour le dépôt et la publicité des marques, et toutes les autres mesures nécessaires pour l'exécution de la loi.

Art. 23. — Il n'est pas dérogé aux dispositions antérieures qui n'ont rien de contraire à la présente loi.

---

DÉCRET du 27 février 1891 portant règlement d'administration publique pour l'exécution de la loi du 23 juin 1857, modifiée par celle du 3 mai 1890 sur les marques de fabrique et de commerce.

Article premier. — Le dépôt que les fabricants, commerçants ou agriculteurs peuvent faire de leur marque au greffe du Tribunal de Commerce de leur domicile ou, à défaut de Tribunal de Commerce, au greffe du Tribunal civil, pour jouir des droits résultants de la loi du 23 juin 1857, est soumis aux dispositions suivantes.

Art. 2. — Le dépôt doit être effectué par la partie intéressée ou par son fondé de pouvoir spécial.

La procuration peut être sous seing privé, mais elle doit être enregistrée ; elle est laissée au Greffe.

Art. 3. — Le déposant doit fournir en triple exemplaire, sur papier libre, le modèle de la marque dont il effectue le dépôt.

Ce modèle consiste en un dessin, une gravure ou une empreinte exécutée de manière à représenter la marque avec netteté et à ne pas s'altérer.

Le papier sur lequel ce modèle est tracé ou collé présente la forme d'un carré de 18 centimètres de côté ; la marque doit en occuper le milieu, de manière à laisser les espaces nécessaires pour inscrire les mentions dont il sera parlé ci-après.

Art. 4. — Si la marque consiste en un signe unique ou dans un ensemble de signes employés simultanément, dont le modèle soit de trop grandes dimensions pour tenir sur une seule feuille de papier ayant 18 centimètres de côté, ce modèle pourra être, soit réduit dans la proportion nécessaire, soit divisé en plusieurs parties, lesquelles seront tracées ou collées sur plusieurs feuilles de papier ayant 18 centimètres de côté.

Si la marque est de petite dimension, le modèle pourra la représenter augmentée.

Art. 5. — Si la marque est en creux ou en relief sur les produits, si elle a dû être réduite pour ne pas excéder les dimensions prescrites, si elle a été augmentée ou si elle présente quelque autre particularité relative à sa figuration ou à son mode d'emploi sur les produits auxquels elle est destinée, le déposant doit l'indiquer sur les trois exemplaires, soit par une ou plusieurs figures, soit au moyen d'une légende explicative.

Ces indications occupent la gauche du papier où est figurée ou collée la marque. La droite est réservée aux mentions prescrites aux articles 10 et 11.

Les exemplaires déposés ne doivent contenir aucune autre indication.

Art. 6. — Le Greffier vérifie si les trois exemplaires sont établis conformément aux dispositions qui précèdent.

Si ces exemplaires ne sont pas dressés sur papier de dimension ou contiennent des indications interdites par l'article 5, le Greffier les rend au déposant pour être rectifiés ou remplacés et ne dresse le procès-verbal de dépôt que sur la remise des trois exemplaires régulièrement établis ;

Le Greffier procède de la même manière :

Si les trois exemplaires ne sont pas semblables ;

Si le modèle de la marque n'adhère pas complètement au papier sur lequel il est appliqué ;

Si le modèle est tracé au crayon ;

Si le modèle est en métal, en cire ou présente un relief quelconque, de nature à détériorer les registres sur lesquels les exemplaires devront être collés ;

Si le cliché typographique n'est pas produit avec les trois exemplaires de la marque.

ART. 7. — Le cliché typographique que le deposant fournit avec les trois exemplaires de sa marque ne doit pas dépasser 12 centimètres de côté ; il doit être en métal et conforme aux clichés employés usuellement en imprimerie typographique.

Si la marque consiste en une bande d'une longueur de plus de 12 centimètres ou en un ensemble de signes, cette bande peut être divisée en plusieurs parties qui seront reproduites sur le même cliché les unes sous les autres, ou il peut n'être fourni qu'un seul cliché représentant cet ensemble réduit.

Le déposant inscrit sur un côté du cliché son nom et son adresse.

ART. 8. — Le greffier doit appliquer sur les trois exemplaires du modèle le timbre du Tribunal. Lorsque ce modèle, au lieu d'être tracé sur le papier, y est seulement collé, le Greffier doit apposer le timbre de manière qu'une partie de l'empreinte porte sur le modèle et l'autre sur le papier.

ART. 9. — Le greffier colle un des trois exemplaires sur une feuille du registre qu'il tient à cet effet ; les modèles y sont placés à la suite les uns des autres, d'après l'ordre des présentations. Le registre est fourni par le greffier ; il doit être en papier libre du format de 24 centimètres de largeur sur 40 centimètres de hauteur. Le registre est coté et paraphé par le Président du Tribunal de Commerce ou du Tribunal civil, suivant le cas.

ART. 10. — Le greffier dresse ensuite sur un registre timbré, coté et paraphé comme le registre mentionné ci-dessus, le procès-verbal du dépôt dans l'ordre des présentations. Il indique : 1º le jour et l'heure du dépôt ; 2º le nom du propriétaire de la marque et, le cas échéant, le nom du fondé de pouvoir ; 3º la profession du propriétaire, son industrie et le genre d'industrie ou de commerce pour lequel il a l'intention de se servir de la marque. Le greffier inscrit, en outre, un numéro d'ordre sur chaque procès-verbal. Il reproduit ce numéro sur chacun des trois exemplaires, ainsi que le nom, le domicile, la profession du propriétaire de la marque, et, s'il y a lieu, de son fondé de pouvoir, la date, l'heure et le lieu du dépôt et le genre d'industrie ou de commerce auquel la marque est destinée.

Le procès-verbal et les modèles sont signés par le greffier et par le déposant ou par son fondé de pouvoir.

ART. 11. — Lorsque le dépôt est fait en vue de conserver pour une nouvelle période de quinze ans une marque déjà déposée, cette circonstance doit être mentionnée au procès-verbal de dépôt ainsi que sur les trois exemplaires du modèle.

Art. 12. — Il est dû au greffier, outre le droit fixe de 1 franc par procès-verbal de dépôt, y compris le coût de l'expédition, le remboursement des droits de timbre et d'enregistrement.

Le même fabricant ou commerçant peut effectuer le dépôt de plusieurs marques dans un seul procès-verbal, mais il est dû au greffier autant de fois le droit fixe de 1 franc qu'il y a de marques déposées.

Art. 13. — Dans le cas où une expédition du procès-verbal est demandée ultérieurement par une personne quelconque, elle doit être délivrée moyennant l'acquittement d'un droit fixe de 1 franc et le remboursement du droit de timbre.

Art. 14. — Un des trois exemplaires ainsi que le cliché typographique de chaque marque sont transmis, dans les cinq jours de la date du procès-verbal, au Ministère du Commerce (Office national de la Propriété industrielle).

Les exemplaires transmis au Ministère du Commerce y restent déposés pour être communiqués sans frais au public.

Art. 15. — Les étrangers et les Français dont les établissements sont situés hors de France et qui peuvent déposer leurs marques de fabrique et de commerce en France en vertu soit de l'article 6 de la loi du 23 juin 1857, soit de l'article 9 de la loi du 26 novembre 1873, relative à l'établissement du timbre ou signe spécial destiné à être apposé sur les marques commerciales et de fabrique, ne sont admis à en effectuer le dépôt qu'au Greffe du Tribunal de Commerce du Département de la Seine.

Art. 16. — Lorsqu'un déposant entend renoncer à l'emploi de sa marque, il en fait la déclaration au Greffe du Tribunal où la marque aura été déposée. Le greffier inscrit cette déclaration en marge du procès-verbal de dépôt et en donne immédiatement avis au Ministre du Commerce qui la publiera dans le *Bulletin officiel* de la Propriété industrielle et commerciale.

Art. 17. — Au commencement de chaque année, le greffier dresse sur papier libre, et d'après le modèle arrêté par le Ministre du Commerce (¹), un répertoire des marques dont il aura reçu le dépôt pendant le cours de l'année précédente.

(1) Aujourd'hui Ministre du Commerce et de l'Industrie.

Le greffier est autorisé à délivrer au déposant des certificats d'identité de sa marque moyennant le droit de 1 franc fixé par l'article 8 du décret du 18 juin 1880.

ART. 18. — Les registres, procès-verbaux et répertoires déposés dans les Greffes sont communiqués sans frais.

ART. 19. — Les marques déposées sont publiées, après leur réception au Ministère du Commerce, dans le *Bulletin Officiel de la Propriété Industrielle et Commerciale.*

ART. 20. — Le décret du 26 juillet 1858 est et demeure rapporté.

---

## DÉCRET du 8 août 1873 qui déclare la loi de 1857, sur les marques, exécutoire aux Colonies.

ARTICLE PREMIER. — Sont déclarés applicables aux Colonies sous les modifications ci-après : 1º la loi du 23 juin 1857 sur les marques de fabrique et de commerce ; 2º le décret du 26 juillet 1858 portant règlement d'administration publique pour l'exécution de la loi du 23 juin 1857 sur les marques de fabrique et de commerce (1).

ART. 2. — L'augmentation des délais à raison des distances sera d'un jour par 2 myriamètres.

ART. 3. — L'exemplaire de la marque qui, dans la métropole, doit être transmis dans les cinq jours au Ministre de l'Agriculture et du Commerce (2), sera remis dans le même délai au Directeur de l'Intérieur ou à celui qui en fait les fonctions, pour être envoyé au Ministre de la Marine et des Colonies, qui le transmettra au Ministre de l'Agriculture et du Commerce (3) chargé d'en faire le dépôt au Conservatoire des Arts et Métiers.

ART. 4. — Le droit fixe de 1 franc accordé au greffier par l'article 4 de la loi du 23 juin 1857 et par l'article 6 du décret du 26 juillet 1858 est élevé dans tous les cas à 2 francs.

ART. 5. — Le présent décret ainsi que la loi et le décret auxquels il se réfère seront exécutoires aussitôt que leur promulgation sera réputée connue d'après les règles spéciales établies dans chaque colonie.

---

(1) Ce décret a été abrogé par celui du 27 février 1891.
(2) Actuellement au Ministre du Commerce et de l'Industrie (Office national de la Propriété Industrielle).

**DÉCRET du 19 février 1903 rendant applicables dans la Colonie de Madagascar et dépendances les lois et décrets relatifs aux marques de fabrique et de commerce.**

ARTICLE PREMIER. — Sont promulgués dans la Colonie de Madagascar et dépendances :

1º La loi des 28 juillet-4 août 1824, relative aux altérations et suppositions de noms dans les produits fabriqués ;

2º La loi du 23 juin 1857 sur les marques de fabrique et de commerce ;

3º La loi du 26 novembre 1873 relative à l'établissement d'un timbre ou signe spécial destiné à être apposé sur les marques commerciales et de fabrique ;

4º La loi du 3 mai 1890, modifiant l'article 2 de la loi du 23 juin 1857 ;

5º Le décret du 27 février 1891 portant règlement d'administration publique pour l'exécution de la loi du 23 juin 1857, modifiée par celle du 3 mai 1890.

ART. 2. — L'exemplaire ainsi que le cliché typographique de chaque marque qui, dans la métropole, doivent être transmis dans les cinq jours au Ministre du Commerce [1], seront, à Madagascar, adressés dans le délai d'un mois au Gouvernement général de la Colonie pour être envoyés, par le plus prochain courrier, au Ministre des Colonies. Celui-ci les transmettra d'urgence à l'Office national de la Propriété industrielle.

ART. 3. — Le droit fixe de 1 franc accordé au greffier par l'article 4 de la loi du 23 juin 1857 et par l'article 12 du décret du 27 février 1891, est fixé dans tous les cas à 2 francs.

---

**DÉCRET du 19 mai 1909 rendant applicables en Indo-Chine les lois des 23 juin 1857 et 3 mai 1890 sur les marques de fabrique et de commerce, ainsi que le règlement d'administration publique du 27 février 1891** *(voir page 121).*

---

[1] Cet envoi doit être fait aujourd'hui au Ministre du Commerce et de l'Industrie (Office national de la Propriété industrielle).

**LOI du 26 novembre 1873, relative à l'établissement d'un timbre ou signe spécial destiné à être apposé sur les marques commerciales et de fabrique.**

ARTICLE PREMIER. — Tout propriétaire d'une marque de fabrique ou de commerce, déposée conformément à la loi du 23 juin 1857, pourra être admis, sur sa réquisition écrite, à faire apposer par l'État, soit sur les étiquettes, bandes ou enveloppes en papier, soit sur les étiquettes ou estampilles en métal sur lesquelles figure sa marque, un timbre ou poinçon spécial destiné à affirmer l'authenticité de cette marque.

Le poinçon pourra être apposé sur la marque faisant corps avec les objets eux-mêmes, si l'administration les en juge susceptibles.

ART. 2. — Il sera perçu au profit de l'État, par chaque apposition du timbre, un droit qui pourra varier de 1 centime à 1 franc. Le droit dû pour chaque apposition du poinçon sur les objets eux-mêmes ne pourra être inférieur à 5 centimes ni excéder 5 francs.

ART. 3. — La quotité des droits perçus au profit du Trésor sera proportionnée à la valeur des objets sur lesquels doivent être apposées les étiquettes, soit en papier, soit en métal, et à la difficulté de frapper d'un poinçon les marques fixées sur les objets eux-mêmes. Cette quotité sera établie par des règlements d'administration publique qui détermineront, en outre, les métaux sur lesquels le poinçon pourra être appliqué, les conditions à remplir pour être admis à obtenir l'apposition des timbre ou poinçon, les lieux dans lesquels cette apposition pourra être effectuée, ainsi que les autres mesures d'exécution de la présente loi.

ART. 4. — La vente des objets par le propriétaire de la marque de fabrique ou de commerce à un prix supérieur à celui correspondant à la quotité du timbre ou du poinçon sera punie, par chaque contravention, d'une amende de 500 francs à 5.000 francs.

Les contraventions seront constatées, dans tous les lieux ouverts au public, par tous les agents qui ont qualité pour verbaliser en matière de timbre et de contributions indirectes, par les agents des postes et par ceux des douanes, lors de l'exportation. Il leur est accordé un quart de l'amende ou portion d'amende recouvrée.

Les contraventions seront constatées et les instances seront suivies et jugées, savoir : 1° comme en matière de timbre, lorsqu'il s'agira du timbre apposé sur les étiquettes, bandes ou enveloppes en papier ; 2° comme en matière de contributions indirectes, en ce qui concerne l'application du poinçon.

Art. 5. — Les Consuls de France à l'étranger auront qualité pour dresser les procès-verbaux des usurpations de marques et les transmettre à l'autorité compétente.

Art. 6. — Ceux qui auront contrefait ou falsifié les timbres ou poinçons établis par la présente loi, ceux qui auront fait usage des timbres ou poinçons falsifiés ou contrefaits seront punis des peines portées en l'article 140 du Code pénal (¹) et sans préjudice des réparations civiles.

Tout autre usage frauduleux de ces timbres ou poinçons, et des étiquettes, bandes, enveloppes et estampilles qui en seraient revêtues, sera puni des peines portées en l'article 142 dudit Code (²). Il pourra être fait application des dispositions de l'article 463 du Code pénal.

Art. 7. — Le timbre ou poinçon de l'État apposé sur une marque de fabrique ou de commerce fait partie intégrante de cette marque.

A défaut par l'État de poursuivre en France ou à l'étranger la contrefaçon ou la falsification desdits timbres ou poinçons, la poursuite pourra être exercée par le propriétaire de la marque.

Art. 8. — La présente loi sera applicable dans les Colonies françaises et en Algérie.

Art. 9. — Les dispositions des autres lois en vigueur, touchant le nom commercial, les marques, dessins ou modèles de fabrique, seront appliquées au profit des étrangers si, dans leur pays, la législation ou des traités internationaux assurent aux Français les mêmes garanties.

---

(1) CODE PÉNAL. — article 140. — Ceux qui auront contrefait ou falsifié, soit un ou plusieurs timbres nationaux, soit les marteaux de l'État servant aux marques forestières, soit le poinçon ou les poinçons servant à marquer les matières d'or ou d'argent, ou qui auront fait usage des papiers, effets, timbres, marteaux ou poinçons falsifiés ou contrefaits, seront punis des travaux forcés à temps, dont le maximum sera toujours appliqué dans ce cas.

(2) CODE PÉNAL. — article 142. — Ceux qui auront contrefait les marques destinées à être apposées au nom du Gouvernement, sur les diverses espèces de denrées ou de marchandises, ou qui auront fait usage de ces fausses marques; ceux qui auront contrefait le sceau, timbre ou les timbre ou marque d'une autorité quelconque, ou qui auront fait usage des sceaux, timbres ou marques contrefaits; ceux qui auront contrefait les timbres-poste ou fait usage sciemment de timbres-poste contrefaits seront punis d'un emprisonnement de deux ans au moins et de cinq ans au plus.

Les coupables pourront, en outre, être privés des droits mentionnés en l'article 42 du présent Code pendant cinq ans au moins, et dix ans au plus, à compter du jour où ils auront subi leur peine.

Ils pourront aussi être mis, par l'arrêt ou le jugement, sous la surveillance de la haute police pendant le même nombre d'années.

Les dispositions qui précèdent seront applicables aux tentatives des mêmes délits.

**DÉCRET** du 25 juin 1874 portant règlement d'administration publique pour l'exécution de la loi du 26 novembre 1873 concernant l'apposition d'un timbre ou poinçon spécial sur les marques de fabrique ou de commerce.

## TITRE PREMIER

### DISPOSITIONS GÉNÉRALE

ARTICLE PREMIER. — Tout propriétaire d'une marque de fabrique ou de commerce qui veut être admis à user de la faculté ouverte par la loi du 26 novembre 1873 doit préalablement en faire la déclaration à l'un des bureaux désignés par les articles 5 et 9 ci-après et y déposer en même temps :

1º Une expédition du procès-verbal du dépôt de sa marque, fait en exécution de la loi du 23 juin 1857 (¹) et du décret du 26 juillet 1858 (²) ;

2º Un exemplaire du dessin, de la gravure.ou de l'empreinte qui représente sa marque. Cet exemplaire est revêtu d'un certificat du greffier, attestant qu'il est conforme au modèle annexé au procès-verbal de dépôt ;

3º L'original de sa signature, dûment légalisé. Il y a autant de signatures déposées que de propriétaires ou d'associés ayant la signature sociale et qui voudront user de la faculté de requérir l'apposition du timbre ou du poinçon de l'État.

En cas de transmission, à quelque titre que ce soit, de la propriété de la marque, le nouveau propriétaire justifie de son droit par le dépôt des actes ou pièces qui établissent cette transmission. Il dépose, en outre, l'original de sa signature dûment légalisé.

Il est dressé, sur un registre, procès-verbal des déclarations et dépôts prescrits par le présent article. Le procès-verbal est signé par le déclarant, à qui en est délivré récépissé ou ampliation.

ART. 2. — Toutes les fois que le propriétaire d'une marque de fabrique ou de commerce veut faire apposer sur cette marque le timbre

---

(1) Modifiée par celle du 3 mai 1890.
(2) Ce décret a été abrogé et remplacé par celui du 27 février 1891.

ou le poinçon, il remet au receveur du bureau dans lequel la déclaration et le dépôt prévus par l'article précédent ont été effectués une réquisition écrite sur papier non timbré, et conforme aux modèles ci-annexés sous les n°ˢ 1 et 2.

La réquisition, dressée au bureau sur une formule fournie gratuitement par l'administration, est datée et signée. Elle est accompagnée d'un spécimen des étiquettes, bandes, enveloppes ou estampilles à timbrer ou poinçonner, lequel reste déposé avec la réquisition.

Ne peuvent être admises que les réquisitions donnant ouverture à la perception de cinq francs de droit au moins.

Art. 3. — Les déclarations, dépôts et réquisitions prévus par les deux articles précédents peuvent être faits par un mandataire spécial, à la condition de déposer au bureau soit l'original en brevet, soit une expédition authentique de sa procuration, laquelle est certifiée par le fondé de pouvoirs.

## TITRE II

### DE L'APPOSITION DU TIMBRE

Art. 4. — Les droits de timbre à percevoir en exécution de l'article 2 de la loi susvisée du 26 novembre 1873, pour les étiquettes, bandes ou enveloppes en papier sur lesquelles figurent des marques de fabrique ou de commerce, sont fixés ainsi qu'il suit, savoir :

1 centime par chaque marque timbrée se rapportant à des objets d'une valeur de 1 franc et au-dessous.

| 2 cent. | s'il s'agit d'objets d'une valeur supérieure à | | | | 1 | jusqu'à | 2 |
|---|---|---|---|---|---|---|---|
| 3 — | — | — | — | — | 2 | — | 3 |
| 5 — | — | — | — | — | 3 | — | 5 |
| 10 — | — | — | — | — | 5 | — | 10 |
| 20 — | — | — | — | — | 10 | — | 20 |
| 30 — | — | — | — | — | 20 | — | 30 |
| 50 — | — | — | — | — | 50 | — | 50 |
| 1 franc, | — | — | — | — | à 50 | | |

Art. 5. — La déclaration et le dépôt prescrits par l'article premier ci-dessus, ainsi que la réquisition, ne peuvent être opérés que dans les chefs-lieux de département désignés comme centres d'une circonscription.

Les départements sont répartis entre dix circonscriptions, conformément au tableau ci-après :

| Numéro de la circonscription | Chef-lieu de la circonscription | Indication des départements composant chaque circonscription |
|---|---|---|
| 1 | Lille . . . . . . . . . . | Nord. Pas-de-Calais. |
| 2 | Rouen . . . . . . . . . | Calvados. Eure. Manche. Orne. Seine-Inférieure. |
| 3 | Paris . . . . . . . . . | Aisne. Eure-et-Loir. Loiret. Oise. Seine. Seine-et-Marne. Seine-et-Oise. Somme. Yonne. |
| 4 | Châlons-sur-Marne . . . . | Ardennes. Aube. Marne. Marne (Haute-). Meurthe-et-Moselle. Meuse. Saône (Haute-). Vosges. |
| 5 | Nantes . . . . . . . . . | Côtes-du-Nord. Finistère. Ille-et-Vilaine. Loire-Inférieure. Mayenne. Morbihan. |
| 6 | Tours . . . . . . . . . | Cher. Creuse. Indre. Indre-et-Loire. Loir-et-Cher. Maine-et-Loire. Sarthe. Sèvres (Deux-). Vendée. Vienne. Vienne (Haute-). |

| Numéro de la circonscription | Chef-lieu de la circonscription | Indication des départements composant chaque circonscription |
|---|---|---|
| 7 | Lyon . . . . . . . . . | Ain. Allier. Ardèche. Côte-d'Or. Doubs. Drôme. Isère. Jura. Loire. Loire (Haute-). Nièvre. Puy-de-Dôme. Rhône. Saône-et-Loire. Savoie. Savoie (Haute-). |
| 8 | Bordeaux . . . . . . . | Charente. Charente-Inférieure. Corrèze. Dordogne. Gironde. Landes. Lot-et-Garonne. Pyrénées (Basses-). |
| 9 | Toulouse. . . . . . . . | Ariège. Aude. Aveyron. Cantal. Garonne (Haute-). Gers. Lot. Lozère. Pyrénées (Hautes-). Pyrénées-Orientales. Tarn. Tarn-et-Garonne. |
| 10 | Marseille. . . . . . . . | Alpes (Basses-). Alpes (Hautes-). Alpes-Maritimes. Bouches-du-Rhône. Corse. Gard. Hérault. Var. Vaucluse. |

Les marques ne peuvent être timbrées qu'au chef-lieu de la circonscription dans laquelle a eu lieu le dépôt au Greffe prescrit par la loi du 23 juin 1857.

Art. 6. — Le timbre sera apposé, après paiement des droits, sur la marque, si cette apposition peut avoir lieu sans oblitérer cette marque et sans nuire à la netteté du timbre. Dans le cas contraire, le timbre sera apposé partie sur la marque et partie sur la bande, étiquette ou enveloppe.

L'administration de l'enregistrement, des domaines et du timbre est autorisée à refuser de timbrer :

1° Les marques apposées sur des étiquettes, bandes ou enveloppes dont la dimension serait inférieure à trente-cinq millimètres en largeur et en longueur ;

2° Les marques qui seraient reproduites en relief ou qui seraient imprimées ou apposées sur des papiers drapés, veloutés, gaufrés, vernissés ou enduits, façonnés à l'emporte-pièce, sur papier joseph, sur papier végétal et tous autres papiers sur lesquels l'administration jugerait que l'empreinte du timbre ne peut être apposée ;

3° Les papiers noirs, de couleur foncée ou disposés de manière que l'empreinte du timbre ne puisse y être appliquée d'une façon suffisamment distincte.

Art. 7. — Les étiquettes ou bandes doivent être présentées en feuilles et divisées en séries de dix destinées à être frappées du timbre de la même quotité. Toutefois les étiquettes ou bandes destinées à être frappées du timbre de 1 franc peuvent être reçues au nombre minimum de cinq.

Si la dimension des papiers portant les étiquettes ou bandes présentées au timbre est inférieure à dix centimètres en longueur et en largeur, il est perçu, à titre de frais extraordinaires de manipulation, un droit supplémentaire de 2 francs par 1.000 étiquettes ou bandes, sans que ce supplément puisse être jamais inférieur à 20 centimes.

Les feuilles, étiquettes, bandes ou enveloppes maculées ou avariées pendant l'opération sont oblitérées et remises au propriétaire de la marque ou à son mandataire, et il lui est tenu compte des droits afférents à ces maculatures.

Dans tous les cas, le propriétaire ou son mandataire donne décharge des marques qui lui sont remises après avoir reçu l'apposition du timbre et de celles qui ont été maculées ou avariées pendant l'opération.

# TITRE III

### DE L'APPOSITION DU POINÇON

Art. 8. — Les droits de poinçonnage à percevoir, en exécution des articles 2 et 3 de la loi du 16 novembre 1873, pour les étiquettes et estampilles en métal sur lesquelles figurent les marques de fabrique ou de commerce ou pour les marques faisant corps avec l'objet lui-même, sont fixés ainsi qu'il suit :

| Valeurs | | Classes | Étiquettes et estampilles présentées sans l'objet qui doit les porter | Marques fixées sur l'objet ou faisant corps avec l'objet lui-même |
|---|---|---|---|---|
| Pour chaque objet d'une valeur déclarée | de 5 00 et au-dessous . . | 1re classe . . | 0 fr. 05 | 0 fr. 06 |
| | de 5 01 à 10 . . . . . . | 2e — . . | 0 10 | 0 12 |
| | de 10 01 à 20 . . . . . . | 3e — . . | 0 20 | 0 24 |
| | de 20 01 à 30 . . . . . . | 4e — . . | 0 30 | 0 36 |
| | de 30 01 à 50 . . . . . . | 5e — . . | 0 50 | 0 60 |
| | de 50 01 à 100 . . . . . . | 6e — . . | 1 00 | 1 20 |
| | de 100 01 à 200 . . . . . . | 7e — . . | 2 00 | 2 40 |
| | de 200 01 à 350 . . . . . . | 8e — . . | 3 50 | 4 20 |
| | de 350 01 et au-dessus . . | 9e — . . | 5 00 | 5 60 |

Art. 9. — La déclaration et le dépôt prescrits par l'article 1er du présent décret, ainsi que l'apposition du poinçon, ne pourront être opérés que dans les bureaux de garantie des matières d'or et d'argent désignés ci-après, au choix du déclarant :

Amiens.
Avignon.
Besançon.
Bordeaux.
Le Havre.
Lille.
Lyon.
Marseille.

Nancy.
Nantes.
Nîmes.
Paris.
Rouen.
Saumur.
Toulouse.
Valence.

Art. 10. — Les étiquettes, estampilles ou objets fabriqués en aluminium, bronze, cuivre ou laiton, étain, fer-blanc, fer doux, plomb, tôle et zinc, sont admis seuls à recevoir l'empreinte du poinçon de l'État, à la condition de présenter assez de résistance pour supporter l'application du poinçon. L'administration des contributions indirectes est, néanmoins, autorisée à refuser d'apposer le poinçon dans tous les cas où elle jugerait que cette opération est impraticable.

Les marques doivent présenter dans l'intérieur un espace nu circulaire d'au moins 1 centimètre de diamètre pour contenir l'empreinte du poinçon.

ART. 11. — Le montant des droits est perçu au moment du dépôt des étiquettes, estampilles ou objets à poinçonner. Il en est délivré quittance.

Les étiquettes ou estampilles, en métal, avariées pendant l'opération, sont oblitérées et remises au propriétaire de la marque ou à son mandataire, et il lui est tenu compte des droits afférents à ces rebuts.

Le propriétaire ou son mandataire donne décharge des étiquettes, estampilles ou objets qui lui sont remis après avoir reçu l'apposition du poinçon, ainsi que des étiquettes ou estampilles avariées pendant l'opération.

ART. 12. — Les Préfets règleront par des arrêtés les jours et heures où les bureaux de garantie désignés à l'article 9 seront ouverts pour le poinçonnage des marques de fabrique ou de commerce.

ART. 13. — Les poinçons seront renfermés dans une caisse à deux serrures, sous la garde du contrôleur et du receveur du bureau de garantie. Ces deux employés auront chacun une clé de ladite caisse.

# NOM COMMERCIAL [1]

---

**LOI du 28 juillet 1824, relative aux altérations ou suppositions de noms sur les produits fabriqués.**

ARTICLE PREMIER. — Quiconque aura, soit apposé, soit fait apparaître, par addition, retranchement, ou par une altération quelconque, sur des objets fabriqués, le nom d'un fabricant autre que celui qui en est l'auteur, ou la raison commerciale d'une fabrique autre que celle où lesdits objets auront été fabriqués, ou enfin le nom d'un lieu autre que celui de la fabrication, sera puni des peines portées en l'article 423 du Code pénal, sans préjudice des dommages-intérêts, s'il y a lieu.

Tout marchand, commissionnaire ou débitant quelconque sera passible des effets de la poursuite, lorsqu'il aura sciemment exposé en vente ou mis en circulation les objets marqués de noms supposés ou altérés.

ART. 2. — L'infraction ci-dessus mentionnée cessera, en conséquence, et nonobstant l'article 17 de la loi du 12 avril 1803 (22 germinal an XI), d'être assimilée à la contrefaçon des marques particulières prévue par les articles 142 et 143 du Code pénal.

---

(1) Voir également *supra*, page 41. Loi du 23 juin 1857 sur les marques de fabrique et de commerce (art. 19).

(1) Voir également Code de Commerce (art. 2 à 30).

**DÉCRET du 19 mai 1909, rendant applicable en Indo-Chine
la loi du 24 juillet 1824** *(voir page 121).*

## CODE PÉNAL

Aʀᴛ. 423. — Quiconque aura trompé l'acheteur sur le titre des
matières d'or ou d'argent, sur la qualité d'une pierre fausse vendue
pour fine, sur la nature de toute marchandise ; quiconque, par usage
de faux poids ou de fausses mesures, aura trompé sur la quantité des
choses vendues, sera puni de l'emprisonnement pendant trois mois au
moins, un an au plus, et d'une amende qui ne pourra excéder le quart
des restitutions et dommages-intérêts, ni être au-dessous de 50 francs.

Les objets du délit, ou leur valeur, s'ils appartiennent encore au
vendeur, seront confisqués, les faux poids et les fausses mesures
seront aussi confisqués et de plus seront brisés.

Le Tribunal pourra ordonner affiche du jugement dans les lieux
qu'il désignera, et son insertion intégrale ou par extrait dans tous les
journaux qu'il désignera, le tout aux frais du condamné.

# INDICATIONS DE PROVENANCE[1]

**LOI du 11 janvier 1892, relative à l'établissement du Tarif général des Douanes.**

. . . . . . . . . . . . . . . . . . . . . . . . . . . . . . . . . . . . . . . . . . . . . . . . . .

ART. 15. — Sont prohibés à l'entrée, exclus de l'entrepôt, du transit et de la circulation, tous produits étrangers, naturels ou fabriqués, portant soit sur eux-mêmes, soit sur des emballages, caisses, ballots, enveloppes, bandes ou étiquettes, etc., une marque de fabrique ou de commerce, un nom, un signe ou une indication quelconque de nature à faire croire qu'ils ont été fabriqués en France, ou qu'ils sont d'origine française.

Cette disposition s'applique également aux produits étrangers, fabriqués ou naturels, obtenus dans une localité de même nom qu'une localité française, qui ne porteront pas, en même temps que le nom de cette localité, le nom du pays d'origine et la mention « *importé* » en caractères manifestement apparents.

———

**Circulaire adressée le 18 février 1905 par la Direction générale des douanes en vue de fixer l'interprétation à donner à l'article 15 de la loi du 11 janvier 1892.**

Des divergences d'interprétation s'étant manifestées sur certains points au sujet de l'interprétation de l'article 15 de la loi du 11 janvier

---

(1) Voir également *supra*, page 61. Lois des 28 juillet-21 août 1824 sur le nom commercial (article premier).

(1) Voir également *supra*, page 41. Loi du 23 juin 1857 sur les marques de fabrique ou de commerce (art. 19).

(1) Voir également Tome III, Conventions internationales. Arrangement de Madrid du 14 avril 1891.

1892, l'Administration croit devoir préciser le but et la portée de cette disposition législative.

Cet article comprend deux paragraphes distincts qu'il convient d'examiner séparément, attendu qu'ils visent deux cas différents.

Le premier « prohibe à l'entrée, exclut de l'entrepôt, du transit et de la circulation tous produits étrangers, naturels ou fabriqués, portant, soit sur eux-mêmes, soit sur des emballages, caisses, ballots, enveloppes, bandes ou étiquettes, etc., une marque de fabrique ou de commerce, un nom, un signe ou une indication quelconque de nature à faire croire qu'ils ont été fabriqués en France ou qu'ils sont d'origine française ».

Si l'on rapproche ce texte de l'article 19 de la loi du 23 juin 1857, on voit clairement que le législateur de 1892 s'est appliqué à combler les lacunes de la première de ces lois afin de mettre notre production nationale mieux à l'abri des manœuvres déloyales de la concurrence étrangère.

En effet, tandis que cette dernière loi réprimait seulement la mention, sur un produit étranger, « du nom ou du lieu d'une *fabrique* française », la loi de 1892 atteint, indépendamment des marques de fabrique proprement dites, les marques de commerce et *toute indication, quelle qu'elle soit*, « de nature à faire croire » que les produits étrangers sont originaires de France. En vertu de cette disposition, le service des douanes a le droit de saisir, par application des articles 41, 42 et 43 de la loi du 28 avril 1816 (Cass. crim. 5 avril 1900), tout produit étranger dont les marques lui paraissent de nature à le faire prendre pour un produit français.

Dès lors, les marques de maisons de vente françaises, telles que « *Félix Potin et C^{ie}* » ou « *Au Louvre* », notamment, doivent être considérées comme délictueuses, sans qu'il y ait à rechercher, d'ailleurs, si la maison Félix Potin ou les magasins du Louvre fabriquent eux-mêmes ou font fabriquer en France des marchandises similaires de celles qu'ils importent de l'étranger sous la marque susvisée.

Il n'y a pas à se préoccuper davantage du point de savoir si l'inscription constitue la marque *déposée* ou *non déposée* de tel ou tel industriel français ou étranger.

Il suffit pour qu'un produit étranger soit saisissable que lui ou son emballage présente, comme le dit expressément la loi, un signe quelconque de nature à faire croire qu'il est d'origine française.

Par contre, l'emploi de la langue française pour désigner la nature des produits importés ne constitue pas, d'après la jurisprudence de la Cour de cassation, une infraction à l'article 15 (Cass. crim. 27 octobre 1900). Mais la prohibition édictée par cet article devient applicable dès que les inscriptions en langue nationale sont de nature à tromper l'acheteur sur la véritable origine de la marchandise. Tel est notamment le cas pour les marques « Carnot », « Loubet », « Millerand », « Jules Lemaitre », etc., apposées sur des pièces de lingerie sans autre mention faisant nettement connaitre leur origine étrangère.

Le second paragraphe de l'article 15 vise le cas de produits étrangers, fabriqués ou naturels, obtenus dans une localité de *même nom qu'une localité française.*

Si ces produits se présentent avec l'indication de ce nom, bien que cette indication ne soit que l'expression de la vérité, ils n'en tombent pas moins sous le coup de la loi, puisque cette indication serait évidemment de nature à faire croire à une origine française. Mais la loi donne à l'importateur la possibilité de détruire lui-même la portée fâcheuse de cette indication par l'inscription, à la suite du nom de la localité, du nom du pays d'origine et de la mention « importé » en caractères manifestement apparents.

C'est ainsi, par exemple, qu'un produit fabriqué à Vienne (Autriche) ne saurait pénétrer en France avec la seule mention « Vienne », mais qu'il le pourra avec l'inscription « Vienne (Autriche) importé », une semblable mention indiquant nettement l'origine autrichienne du produit.

Bien entendu et pour le même motif, l'Administration admet que tout signe de nature à faire croire que le produit a été fabriqué en France peut être également annihilé par la mention en caractères gras, du mot « importé » suivi du nom du pays d'origine.

Mais elle exige l'ensemble de cette mention, le seul mot « importé » ne pouvant suffire pour enlever à certains signes leur caractère délictueux, attendu qu'un produit peut n'être importé en France qu'en vue d'une réexpédition dans un pays étranger et que dans ce pays le mot « importé » signifierait simplement que le produit vient d'ailleurs, sans que rien ne révèle qu'il n'a pas été fabriqué en France, l'emploi de notre langue pour le désigner étant au contraire de nature à faire croire à une origine française.

Toutefois, la formule précitée n'a rien de sacramentel ; la mention « fabriqué en Allemagne », « fabriqué en Italie » ou toute autre analogue remplirait évidemment le même but, pourvu cependant que l'origine étrangère fût ainsi nettement indiquée.

Il conviendra d'ailleurs de mettre le service en garde contre une supercherie, assez fréquente, qui consiste à opposer sur les produits, simplement *au vernis*, la mention complémentaire du nom du pays d'origine et du mot importé.

A l'arrivée des produits dans les magasins du destinataire, un simple lavage à l'essence fait disparaître cette mention, et la marque délictueuse retrouve toute sa valeur.

Il est à peine besoin d'ajouter que dans ce cas, comme dans tous ceux dans lesquels l'intention dolosive sera évidente, une répression sévère s'imposera.

Je prie les Directeurs d'adresser au service des instructions dans ce sens, d'en informer le commerce et de veiller à ce qu'elles soient partout appliquées avec tact et discernement.

---

**LOI du 9 février 1895, relative à la répression des fraudes en matière artistique.**

Article premier. — Seront punis d'un emprisonnement d'un an au moins et de cinq ans au plus et d'une amende de 16 francs au moins et de 3.000 francs au plus, sans préjudice des dommages-intérêts, s'il y a lieu :

1º Ceux qui auront apposé ou fait apparaître frauduleusement un nom usurpé sur une œuvre de peinture, de sculpture, de dessin, de gravure ou de musique;

2º Ceux qui, sur les mêmes œuvres, auront frauduleusement, et dans le but de tromper l'acheteur sur la personnalité de l'auteur, imité sa signature ou un signe adopté par lui.

Art. 2. — Les même peines seront applicables à tout marchand ou commissionnaire qui aura sciemment recélé, mis en vente ou en circulation, les objets revêtus de ces noms, signatures ou signes.

Art. 3. — Les objets délictueux seront confisqués et remis au plaignant ou détruits, sur son refus de les recevoir.

Art. 4. — La présente loi est applicable aux œuvres non tombées dans le domaine public, sans préjudice pour les autres de l'application de l'article 423 du Code pénal.

Art. 5. — L'article 463 du Code pénal s'appliquera aux cas prévus par les articles 1 et 2.

# LOI du 1er août 1905 sur la répression des fraudes dans la vente des marchandises et des falsifications des denrées alimentaires et des produits agricoles.

ARTICLE PREMIER. — Quiconque aura tenté de tromper le contractant :

Soit sur la nature, les qualités substantielles, la composition et la teneur en principes utiles de toutes marchandises ;

Soit sur leur espèce ou *leur origine* lorsque, d'après la convention ou les usages, la désignation de l'espèce ou de *l'origine* faussement attribuées aux marchandises devra être considérée comme la cause principale de la vente ;

Soit sur la quantité des choses livrées ou sur leur identité, par la livraison d'une marchandise autre que la chose déterminée qui a fait l'objet du contrat,

Sera puni de l'emprisonnement pendant trois mois au moins, un an au plus, et d'une amende de cent francs (100 fr.) au moins, de cinq mille francs (5.000 fr.) au plus, ou de l'une de ces deux peines seulement.

ART. 2. — L'emprisonnement pourra être porté à deux ans, si le délit ou la tentative de délit prévus par l'article précédent ont été commis :

Soit à l'aide de poids, mesures et autres instruments faux ou inexacts ;

Soit à l'aide de manœuvres ou procédés tendant à fausser les opérations de l'analyse ou du dosage, du pesage ou du mesurage, ou bien à modifier frauduleusement la composition, le poids ou le volume des marchandises, même avant ces opérations ;

Soit enfin, à l'aide d'indications frauduleuses tendant à faire croire à une opération antérieure et exacte.

ART. 3. — Seront punis des peines portées par l'article premier de la présente loi :

1° Ceux qui falsifieront des denrées servant à l'alimentation de l'homme ou des animaux, des substances médicamenteuses, des boissons et des produits agricoles ou naturels destinés à être vendus ;

2° Ceux qui exposeront, mettront en vente ou vendront des denrées servant à l'alimentation de l'homme ou des animaux, des boissons et des produits agricoles ou naturels qu'ils sauront être falsifiés ou corrompus ou toxiques ;

3º Ceux qui exposeront, mettront en vente ou vendront des substances médicamenteuses falsifiées ;

4º Ceux qui exposeront, mettront en vente ou vendront, sous forme indiquant leur destination, des produits propres à effectuer la falsification des denrées servant à l'alimentation de l'homme ou des animaux, des boissons et des produits agricoles ou naturels, et ceux qui auront provoqué à leur emploi par le moyen de brochures, circulaires, prospectus, affiches, annonces ou instructions quelconques.

Si la substance falsifiée ou corrompue est nuisible à la santé de l'homme ou des animaux ou si elle est toxique, de même si la substance médicamenteuse falsifiée est nuisible à la santé de l'homme ou des animaux, l'emprisonnement devra être appliqué. Il sera de trois mois à deux ans et l'amende de cinq cents francs (500 fr.) à dix mille francs (10.000 fr.).

Ces peines seront applicables même au cas où la falsification nuisible serait connue de l'acheteur ou du consommateur.

Les dispositions du présent article ne sont pas applicables aux fruits frais et légumes frais, fermentés ou corrompus.

Art. 4. — Seront punis d'une amende de cinquante francs (50 fr.) à trois mille francs (3.000 fr.) et d'un emprisonnement de six jours au moins et de trois mois au plus, ou de l'une de ces deux peines seulement :

Ceux qui, sans motifs légitimes, seront trouvés détenteurs dans leurs magasins, boutiques, ateliers, maisons ou voitures servant à leur commerce ainsi que dans les entrepôts, abattoirs et leurs dépendances et dans les gares ou dans les halles, foires et marchés :

Soit de poids ou mesures faux ou autres appareils inexacts servant au pesage ou au mesurage des marchandises ;

Soit de denrées servant à l'alimentation de l'homme ou des animaux, de boissons, de produits agricoles ou naturels qu'ils savaient être falsifiés, corrompus ou toxiques ;

Soit de substances médicamenteuses falsifiées ;

Soit de produits, sous forme indiquant leur destination, propres à effectuer la falsification des denrées servant à l'alimentation de l'homme ou des animaux, ou des produits agricoles ou naturels.

Si la substance alimentaire falsifiée ou corrompue est nuisible à la santé de l'homme ou des animaux ou si elle est toxique, de même si la substance médicamenteuse falsifiée est nuisible à la santé de l'homme ou des animaux, l'emprisonnement devra être appliqué.

Il sera de trois mois à un an, et l'amende de cent francs (100 fr.) à cinq mille francs (5.000 fr.).

Les dispositions du présent article ne sont pas applicables aux fruits frais et légumes frais fermentés ou corrompus.

ART. 5. — Sera considéré comme étant en état de récidive légale quiconque ayant été condamné par application des lois sur les fraudes dans la vente :

1° Des engrais (loi du 4 février 1888) ;

2° Des vins, cidres et poirés (lois des 14 août 1889, 11 juillet 1891, 24 juillet 1894, 6 avril 1897) ;

3° Des sérums thérapeutiques (loi du 25 avril 1895)

4° Des beurres (loi du 16 avril 1897) ;

5° De la saccharine (art. 49 et 53 de la loi du 30 mars 1902) ;

6° Des sucres (loi du 28 janvier 1903, art. 7 ; loi du 31 mars 1903, art. 32) ;

Aura, dans les cinq ans qui suivront la date à laquelle cette condamnation sera devenue définitive, commis un nouveau délit tombant sous l'application de la présente loi ou des lois sus-visées.

Au cas de récidive, les peines d'emprisonnement et d'affichage devront être appliquées.

ART. 6. — Les objets dont les vente, usage ou détention constituent le délit, s'ils appartiennent encore au vendeur ou détenteur, seront confisqués ; les poids et autres instruments de pesage, mesurage ou dosage, faux ou inexacts, devront être aussi confisqués et, de plus, seront brisés.

Si les objets confisqués sont utilisables, le Tribunal pourra les mettre à la disposition de l'Administration, pour être attribués aux établissements d'assistance publique.

S'ils sont inutilisables ou nuisibles, les objets seront détruits ou répandus aux frais du condamné.

Le Tribunal pourra ordonner que la destruction ou effusion aura lieu devant l'établissement ou le domicile du condamné.

ART. 7. — Le Tribunal pourra ordonner, dans tous les cas, que le jugement de condamnation sera publié intégralement ou par extraits dans les journaux qu'il désignera et affiché dans les lieux qu'il indiquera, notamment aux portes du domicile, des magasins, usines et ateliers du condamné, le tout aux frais du condamné, sans toutefois que les frais de cette publication puissent dépasser le maximum de l'amende encourue.

Lorsque l'affichage sera ordonné, le Tribunal fixera les dimensions de l'affiche et les caractères typographiques qui devront être employés pour son impression.

En ce cas et dans tous les autres cas où les Tribunaux sont autorisés à ordonner l'affichage de leur jugement à titre de pénalité pour la répression des fraudes, ils devront fixer le temps pendant lequel cet affichage devra être maintenu, sans que la durée en puisse excéder sept jours.

Au cas de suppression, de dissimulation ou de lacération totale ou partielle des affiches ordonnées par le jugement de condamnation, il sera procédé de nouveau à l'exécution intégrale des dispositions du jugement relatives à l'affichage.

Lorsque la suppression, la dissimulation ou la lacération totale ou partielle aura été opérée volontairement par le condamné, à son instigation ou par ses ordres, elle entraînera contre celui-ci l'application d'une peine d'amende de cinquante francs (50 fr.) à mille francs (1.000 fr.)

La récidive de suppression, de dissimulation ou de lacération volontaire d'affiches par le condamné, à son instigation ou par ses ordres sera punie d'un emprisonnement de six jours à un mois et d'une amende de cent francs (100 fr.) à deux mille francs (2.000 fr.).

Lorsque l'affichage aura été ordonné à la porte des magasins du condamné, l'exécution du jugement ne pourra être entravé par la vente du fonds de commerce réalisée postérieurement à la première décision qui a ordonné l'affichage.

Art. 8. — Toute poursuite exercée en vertu de la présente loi devra être continuée et terminée en vertu des mêmes textes.

L'article 463 du Code pénal sera applicable, même au cas de récidive, aux délits prévus par la présente loi.

Le Tribunal, en cas de circonstances atténuantes, pourra ne pas ordonner l'affichage et ne pas appliquer l'emprisonnement.

Le sursis à l'exécution des peines d'amendes édictées par la présente loi ne pourra être prononcé en vertu de la loi du 26 mars 1891.

Art. 9. — Les amendes prononcées en vertu de la présente loi seront réparties d'après les règles tracées à l'article 11 de la loi de finances du 26 décembre 1890, modifiée par l'article 45 de la loi de finances du 29 avril 1893 et par l'article 83 de la loi de finances du 13 avril 1898.

Les délinquants condamnés aux dépens auront à acquitter, de ce chef, en dehors des frais ordinaires et au profit des communes, les frais d'expertise engagés par ces dernières lorsqu'elles auront pris l'initiative de déceler la fraude et d'en saisir la justice (laboratoires municipaux).

La Commission départementale peut, sur la proposition du Préfet, accorder aux communes qui auront organisé une police municipale alimentaire des subventions prélevées sur le reliquat disponible du fonds commun.

Art. 10. — En cas d'action pour *tromperie ou tentative de tromperie sur l'origine* des marchandises, des denrées alimentaires ou des produits agricoles et naturels, le magistrat instructeur ou les Tribunaux pourront ordonner la production des registres et documents des diverses Administrations et notamment celles des Contributions indirectes et des Entrepreneurs de transports.

Art. 11. — Il sera statué par des Règlements d'administration publique sur les mesures à prendre pour assurer l'exécution de la présente loi, notamment en ce qui concerne :

1° La vente, la mise en vente, l'exposition et la détention des denrées, boissons, substances et produits qui donneront lieu à l'application de la présente loi ;

2° *Les inscriptions et marques indiquant soit la composition, soit l'origine des marchandises, soit les appellations régionales et de crus particuliers que les acheteurs pourront exiger sur les factures, sur les emballages ou sur les produits eux-mêmes, à titre de garantie de la part des vendeurs, ainsi que les indications extérieures ou apparentes nécessaires pour assurer la loyauté de la vente et de la mise en vente* ;

3° Les formalités prescrites pour opérer des prélèvements d'échantillons et procéder contradictoirement aux expertises sur les marchandises suspectes ;

4° Le choix des méthodes d'analyses destinées à établir la composition, les éléments constitutifs et la teneur en principes utiles des produits ou à reconnaître leur falsification ;

5° Les autorités qualifiées pour rechercher et constater les infractions à la présente loi, ainsi que les pouvoirs qui leur seront conférés pour recueillir des éléments d'information auprès des diverses administrations publiques et des concessionnaires de transports.

Art. 12. — Toutes les expertises nécessitées par l'application de la présente loi seront contradictoires et le prix des échantillons reconnus bons sera remboursé d'après leur valeur le jour du prélèvement.

Art. 13. — Les infractions aux prescriptions des règlements d'administration publique pris en vertu de l'article précédent seront punies d'une amende de seize francs (16 fr.) à cinquante francs (50 fr.).

Au cas de récidive dans l'année de la condamnation, l'amende sera de cinquante francs (50 fr.) à cinq cents francs (500 fr.).

Au cas de nouvelle infraction constatée dans l'année qui suivra la deuxième condamnation, l'amende sera de cinq cents francs (500 fr.) et un emprisonnement de six jours à quinze jours pourra être prononcé.

Art. 14. — L'article 423, le paragraphe 2 de l'article 477 du Code pénal, la loi du 27 mars 1851 tendant à la répression plus efficace de certaines fraudes dans la vente des boissons, sont abrogés.

Néanmoins, les incapacités électorales édictées par la loi du 24 janvier 1889 continueront à être appliquées comme conséquence des peines prononcées en vertu de la présente loi.

Art. 15. — Les pénalités de la présente loi et ses dispositions en ce qui concerne l'affichage et les infractions aux Règlements d'administration publique rendus pour son exécution sont applicables aux lois spéciales concernant la répression des fraudes dans le commerce des engrais, des vins, cidres et poirés, des sérums thérapeutiques, du beurre et de la fabrication de la margarine. Elles sont substituées aux pénalités et dispositions de l'article 423 du Code pénal et de la loi du 27 mars 1851 dans tous les cas où les lois postérieures renvoient aux textes desdites lois, notamment dans les :

Article premier de la loi du 28 juillet 1824 (¹) sur les altérations de noms ou suppositions de noms sur les produits fabriqués ;

Articles 1 et 2 de la loi du 4 février 1888 concernant la répression des fraudes dans le commerce des engrais ;

Articles 7 de la loi du 14 août 1889, 2 de la loi du 11 juillet 1891 et premier de la loi du 24 juillet 1894 relatives aux fraudes commises dans la vente des vins ;

Article 3 de la loi du 25 avril 1895 relative à la vente de sérums thérapeutiques ;

Article 3 de la loi du 6 avril 1897 concernant les vins, cidres et poirés ;

---

(1). Voir *supra*, page 61.

Articles 17, 19 et 20 de la loi du 16 avril 1897 ([1]) concernant la répression de la fraude dans le commerce du beurre et la fabrication de la margarine :

La pénalité d'affichage est rendue applicable aux infractions prévues et punies par les articles 49 et 53 de la loi de finances du 30 mars 1902, 6 de la loi du 28 janvier 1903, 32 de la loi de finances du 31 mars 1903 et par les articles 2 et 3 de la loi du 18 juillet 1904.

ART. 16. — La présente loi est applicable à l'Algérie et aux Colonies ([2]).

---

**LOI du 5 août 1908, modifiant l'article 11 de la loi du 1ᵉʳ août 1905 sur la répression des fraudes dans la vente des marchandises et des falsifications des denrées alimentaires et des produits agricoles et complétant cette loi par un article additionnel autorisant les syndicats agricoles à se porter partie civile dans les actions intentées en vertu de ladite loi.**

ARTICLE PREMIER. — Le troisième paragraphe de l'article 11 de la loi du 1ᵉʳ août 1905 commençant ainsi : « 2º Les inscriptions et marques... » est complété ainsi qu'il suit :

« La définition et la dénomination des boissons, denrées et produits, conformément aux usages commerciaux, les traitements licites dont ils pourront être l'objet en vue de leur bonne fabrication ou de leur conservation, les caractères qui les rendent impropres à la consommation, *la délimitation des régions pouvant prétendre exclusivement aux appellations de provenances des produits. Cette délimitation sera faite en prenant pour bases les usages locaux constants.* »

ART. 2. — Tous syndicats, formés conformément à la loi du 21 mars 1884 pour la défense des intérêts généraux de l'agriculture ou de la viticulture ou du commerce et trafic des boissons, eaux-de-vie natu-

---

(1) Voir *infra*, page 74.
(2) Un décret du 11 octobre 1907 pris en exécution de l'article 11, a déterminé les conditions de la présente loi à l'Algérie.

relles, alcools de fruits, denrées alimentaires, produits agricoles, engrais, produits médicamenteux, marchandises quelconques, pourront exercer sur tout le territoire de la France et des Colonies, les droits reconnus à la partie civile par les articles 182, 63, 64, 66, 67 et 68 du code d'instruction criminelle, relativement aux faits de fraudes et falsifications prévus par les lois en vigueur, ou recourir, s'ils le préfèrent, à l'action ordinaire devant le tribunal civil, en vertu des articles 1382 et suivants du code civil.

----

**LOI du 16 avril 1897 concernant la répression de la fraude dans le commerce du beurre et la fabrication de la margarine.**

### TITRE PREMIER

ARTICLE PREMIER. — Il est interdit de désigner, d'exposer, de mettre en vente ou de vendre, d'importer ou d'exporter, sous le nom de beurre, avec ou sans qualificatif, tout produit qui n'est pas exclusivement fait avec du lait ou de la crème provenant du lait ou avec l'un et l'autre, avec ou sans sel, avec ou sans colorant.

ART. 2. — Toutes les substances alimentaires autres que le beurre, quelles que soient leur origine, leur provenance et leur composition, qui présentent l'aspect du beurre et sont préparées pour le même usage que ce dernier produit, ne peuvent être désignées que sous le nom de margarine.

La margarine ainsi définie ne pourra, dans aucun cas, être additionnée de matières colorantes.

ART. 3. — Il est interdit à quiconque se livre à la fabrication ou à la préparation du beurre, de fabriquer et de détenir dans ses locaux, et dans quelque lieu que ce soit, de la margarine ou de l'oléo-margarine, ni d'en laisser fabriquer et détenir par une autre personne dans les locaux occupés par lui.

La même interdiction est faite aux entrepositaires, commerçants et débitants de beurre.

Les deux premiers paragraphes du présent article ne sont pas applicables aux sociétés coopératives d'alimentation qui ne font pas acte de commerce.

La margarine et l'oléo-margarine ne pourront être introduites sur les marchés qu'aux endroits spécialement désignés à cet effet par l'autorité municipale.

La quantité de beurre contenue dans la margarine mise en vente, que cette quantité provienne du barattage du lait ou de la crème avec l'oléo-margarine, ou qu'elle provienne d'une addition de beurre, ne pourra dépasser 10 %.

ART. 4. — Toute personne qui veut se livrer à la fabrication de la margarine ou de l'oléo-margarine est tenue d'en faire la déclaration, à Paris à la Préfecture de police, et dans les départements au maire de la commune où elle veut établir sa fabrique.

ART. 5. — Les locaux dans lesquels on fabrique ou conserve en dépôt et où on vend de la margarine ou de l'oléo-margarine doivent porter une enseigne indiquant, en caractères apparents d'au moins trente centimètres ($0^m30$) de hauteur, les mots « fabrique. dépôt ou débit de margarine ou d'oléo-margarine ».

ART. 6. — Les fabriques de margarine et d'oléo-margarine sont soumises à la surveillance d'inspecteurs nommés par le Gouvernement. Ces employés ont pour mission de veiller sur la fabrication, sur les entrées de matières premières, sur la qualité de celles-ci et sur les sorties de margarine et d'oléo-margarine. Ils s'assurent que les règles prescrites par le Gouvernement, sur l'avis du Comité d'hygiène publique, sont rigoureusement observées.

Ils ont le droit de s'opposer à l'emploi de matières corrompues ou nuisibles à la santé et de rejeter de la fabrication les suifs avariés. Ils peuvent déférer aux Tribunaux les infractions aux dispositions de la présente loi et des décrets et arrêtés ministériels intervenus pour son exécution.

ART. 7. — Les inspecteurs mentionnés à l'article 6 peuvent pénétrer en tout temps dans tous les locaux des fabriques de margarine et d'oléo-margarine soumises à leur surveillance, dans les magasins, caves, celliers, greniers y attenant ou en dépendant, de même que dans tous les dépôts et débits de margarine et d'oléo-margarine.

ART. 8. — Le traitement des inspecteurs est à la charge des établissements surveillés. Le décret rendu en Conseil d'État pour l'exécution de la loi en fixera le montant ainsi que le mode de perception et de recouvrement des taxes.

ART. 9. — Les fûts, caisses, boîtes et récipients quelconques renfermant de la margarine ou de l'oléo-margarine doivent tous porter sur toutes leurs faces, en caractères apparents et indélébiles, le mot « margarine » ou « oléo-margarine ». Les éléments entrant dans la composition de la margarine devront être indiqués par des étiquettes et par les factures des fabricants ou débitants.

Dans le commerce en gros, les récipients devront, en outre, indiquer en caractères très apparents le nom et l'adresse du fabricant.

En ce qui concerne la margarine destinée à l'exportation, le fabricant sera autorisé à substituer à sa marque de fabrique celle de l'acheteur, à la condition que cette marque porte en caractères apparents le mot « margarine ».

Dans le commerce de détail, la margarine ou l'oléo-margarine doivent être livrées sous la forme de pains cubiques avec une empreinte portant sur une des faces, soit le mot « margarine », soit le mot « oléo-margarine », et mise dans une enveloppe portant, en caractères apparents et indélébiles la même désignation ainsi que le nom et l'adresse du vendeur.

Lorsque ces pains seront détaillés, la marchandise sera livrée dans une enveloppe portant lesdites inscriptions.

Art. 10. — La margarine ou l'oléo-margarine importées, exportées ou expédiées, doivent être, suivant les cas, mises dans des récipients de la forme et portant les indications mentionnées à l'article qui précède.

Art. 11. — Il est interdit d'exposer, de mettre en vente ou en dépôt et de vendre dans un lieu quelconque de la margarine ou de l'oléo-margarine, sans qu'elles soient renfermées dans les récipients indiqués à l'article 9, et portant les indications qui y sont prescrites.

L'absence de ces désignations indique que la marchandise exposée, mise en dépôt ou en vente est du beurre.

Art. 12. — Dans les comptes, factures, connaissements, reçus de chemins de fer, contrats de vente et de livraison et autres documents relatifs à la vente, à l'expédition, au transport et à la livraison de la margarine ou de l'oléo-margarine, la marchandise doit être expressément désignée, suivant le cas, comme « margarine ou oléo-margarine ». L'absence de ces formalités indique que la marchandise est du beurre.

Art. 13. — Les inspecteurs désignés à l'article 6 et au besoin des experts spéciaux nommés par le Gouvernement ont le droit de pénétrer dans les locaux où on fabrique pour la vente, dans ceux où l'on prépare et vend du beurre, de prélever des échantillons de la marchandise fabriquée, préparée, exposée, mise en vente ou vendue comme beurre.

Ils peuvent de même prélever des échantillons en douane, ou dans les ports, ou dans les gares de chemins de fer.

Autant que possible, le prélèvement des échantillons est effectué en présence du propriétaire de la marchandise ou de son représentant.

Les échantillons sont envoyés aux laboratoires désignés par arrêté ministériel pour être soumis à l'analyse chimique et à l'examen microscopique.

En cas de fraude constatée, procès-verbal est dressé et transmis, avec le rapport du chimiste-expert, au Procureur de la République qui instruit l'affaire immédiatement.

ART. 14. — Chaque année, le Ministre de l'Agriculture, sur l'avis du Comité consultatif des stations agronomiques et des laboratoires agricoles :

1° Prescrit les méthodes d'analyse à suivre pour l'examen des échantillons de beurre prélevés comme soupçonnés d'être falsifiés ;

2° Fixe le taux des analyses ;

3° Arrête la liste des chimistes-experts seuls chargés de faire l'analyse légale des échantillons prélevés.

ART. 15. — Les échantillons prélevés sont payés aux détenteurs sur le budget de l'État, ainsi que les frais d'expertise et d'analyse.

En cas de condamnation, les frais sont à la charge des délinquants.

## TITRE II

### PÉNALITÉS

ART. 16. — Ceux qui auront sciemment contrevenu aux dispositions de la présente loi seront punis d'un emprisonnement de six jours à trois mois et d'une amende de cent francs à cinq mille francs (100 fr. à 5.000 fr.) ou de l'une de ces deux peines seulement. Toutefois, seront présumés avoir connu la falsification de la marchandise ceux qui ne pourront indiquer le nom du vendeur ou de l'expéditeur.

Les voituriers ou compagnies de transport par terre ou par eau qui auront sciemment contrevenu aux dispositions des articles 10 et 12 ne seront passibles que d'une amende de cinquante à cinq cents francs (50 à 500 fr.).

Ceux qui auront empêché les inspecteurs et experts désignés dans les articles 6 et 13 d'accomplir leurs fonctions en leur refusant l'entrée de leurs locaux de fabrication, de dépôt et de vente, et de prendre des échantillons, seront passibles d'une amende de cinq cent à mille francs (500 à 1.000 fr.).

ART. 17. — Ceux qui auront sciemment employé des matières corrompues ou nuisibles à la santé publique pour la fabrication de la margarine ou de l'oléo-margarine seront passibles des peines portées à l'article 423 du Code pénal.

ART. 18. — En cas de récidive dans l'année qui suivra la condamnation, le maximum de l'amende sera toujours appliqué.

ART. 19. — Les Tribunaux pourront toujours ordonner que les jugements de condamnation prononcés contre les infractions aux articles 1, 2, 3, 5, 6, 9, 10 et 11 seront publiés par extrait ou intégralement dans les journaux qu'ils désigneront et affichés dans les lieux et marchés où la fraude a été commise, ainsi qu'aux portes de la maison, de l'usine, de la fabrique et des magasins du délinquant, et ce, aux frais du condamné.

ART. 20. — Les substances ou les mélanges frauduleusement désignés, exposés, mis en vente, vendus, importés ou exportés, restés en la possession de l'auteur du délit, seront de plus confisqués conformément aux dispositions de l'article 5 de la loi du 7 mars 1851.

, ART. 21. — Les dispositions de l'article 463 du Code pénal sont applicables aux délits prévus et punis par la présente loi.

ART. 22. — Un règlement d'administration publique statuera sur toutes les mesures à prendre pour l'exécution de la présente loi et notamment sur les formalités à remplir pour l'établissement et la surveillance des fabriques de margarine et d'oléo-margarine, sur la surveillance des beurreries, des débits de beurre, de margarine et d'oléo-margarine, des halles et marchés, sur le prélèvement et la vérification des échantillons des marchandises suspectes, sur la désignation des fonctionnaires préposés à cette surveillance et sur les garanties à édicter pour assurer les secrets de fabrication.

Ce règlement devra être fait dans un délai de trois mois, sans que ce délai puisse en rien arrêter l'exécution de la présente loi dans tous les cas où l'application dudit règlement n'est pas nécessaire.

ART. 23. — Sont abrogées la loi du 14 mars 1887 et toutes les dispositions contraires à la présente loi.

ART. 24. — La présente loi est applicable à l'Algérie et aux Colonies.

**LOI du 23 juillet 1907, portant modification de certaines dispositions de la loi du 16 avril 1897 concernant la répression de la fraude dans le commerce du beurre et la fabrication de la margarine.**

ARTICLE UNIQUE. — Les dispositions des trois derniers paragraphes de l'article 13, ainsi que celles des articles 14, 15, 19 et 20 de la loi du 16 avril 1897 concernant la répression de la fraude dans le commerce du beurre et la fabrication de la margarine sont abrogées et remplacées par celles contenues dans les articles 6, 7, 8, 9, 10, 11, 12 et 13 de la loi du 1er août 1905 sur la répression des fraudes dans la vente des marchandises et des falsifications des denrées alimentaires et des produits agricoles.

---

**DÉCRETS des 9 novembre 1897 et 29 août 1907 portant règlement d'administration publique pour l'exécution de la loi du 16 avril 1897, modifiée par la loi du 23 juillet 1907, concernant la répression de la fraude dans le commerce du beurre et la fabrication de la margarine.**

### TITRE PREMIER

#### SURVEILLANCE DES FABRIQUES DE MARGARINE ET D'OLÉO-MARGARINE

ARTICLE PREMIER. — La déclaration exigée par l'article 4 de la loi du 16 avril 1897 de toute personne qui veut se livrer à la fabrication de l'oléo-margarine ou de la margarine est faite sur papier timbré et en double expédition.

Elle indique les nom, prénoms, et domicile du fabricant, et la nature des matières employées dans la fabrication.

A la déclaration est joint un plan descriptif de la fabrique et de toutes ses dépendances, en simple expédition.

Il est immédiatement donné récépissé de cette déclaration et des plans annexes.

Pour les fabriques actuellement existantes, la déclaration sera faite dans les huit jours de la publication du présent décret au *Journal Officiel.*

Pour les fabriques qui seront établies à l'avenir, elle sera faite un mois au moins avant le commencement de la fabrication

Art. 2. — Dans les trois jours du dépôt de la déclaration, le Maire de la commune transmet au Préfet du département une des expéditions de la déclaration ainsi que les plans annexes.

Le Préfet du département transmet aussitôt ces pièces au Ministre de l'Agriculture.

Le Préfet de Police transmet de même au Ministre les déclarations qui lui sont adressées directement.

Art. 3. — Aucune modification ne peut être apportée aux dispositions mentionnées dans la déclaration et les pièces qui y sont annexées sans avoir fait l'objet huit jours au moins à l'avance, d'une déclaration dans les formes prévues à l'article premier ci-dessus.

Le changement du fabricant doit être déclaré dans les trois jours qui suivent la transmission de la fabrique.

Art. 4. — Chaque fabrique de margarine ou d'oléo-margarine est placée d'une manière permanente sous la surveillance d'un ou de plusieurs inspecteurs spéciaux désignés à cet effet par le Ministre de l'Agriculture, conformément à l'article 17 du présent décret.

Les heures d'ouverture et de fermeture de la fabrique sont déclarées aux inspecteurs par le propriétaire ou le gérant ; toute modification dans ces heures leur est notifiée au moins quarante-huit heures à l'avance. Tout travail est interdit en dehors des heures déclarées.

Les locaux dépendant de la fabrique, ateliers, magasins, caves, celliers, greniers, etc., sont ouverts en permanence aux inspecteurs pendant la durée du travail et doivent leur être ouverts, en dehors de cette durée, sur leur réquisition.

Art. 5. — Toute entrée de matières premières destinées à la production de la margarine doit être inscrite par le fabricant sur un registre spécial qui en indique la provenance.

Les inspecteurs vérifient l'exactitude des indications portées à ce registre et examinent les matières premières pour s'assurer de leur innocuité.

Art. 6. — Les inspecteurs s'assurent que la proportion de beurre autorisée par l'article 3 de la loi du 16 avril 1897 n'est pas dépassée et qu'il n'est fait aucune addition de matière colorante soit directement, soit indirectement.

Art. 7. — Toute expédition de margarine ou d'oléo-margarine faite par une fabrique doit être inscrite sur un registre spécial.

Les inspecteurs constatent la sortie et s'assurent que les récipients et étiquettes sont conformes aux prescriptions de l'article 9 de la loi.

# TITRE II

## SURVEILLANCE DES BEURRERIES INDUSTRIELLES ET DE LA VENTE DE LA MARGARINE, DE L'OLÉO-MARGARINE ET DU BEURRE.

Art. 8. — Sont placés sous la surveillance des Agents désignés à cet effet par l'Administration, conformément aux articles 17 et 19 ci-après, et soumis à leur inspection, les dépôts et débits de margarine et d'oléo-margarine, les locaux où l'on fabrique pour la vente et ceux où l'on prépare et vend du beurre.

Art. 9. — Dans les halles et marchés, les pavillons, comptoirs et endroits quelconques affectés au déchargement et à la vente de la margarine et de l'oléo-margarine doivent être séparés de ceux réservés au déchargement et à la vente du beurre par une distance suffisante pour prévenir toute tentative de fraude.

# TITRE III

## ORGANISATION ET FONCTIONNEMENT DU SERVICE DES PRÉLÈVEMENTS, DES LABORATOIRES ET DES EXPERTISES CONTRADICTOIRES

Art. 10. — Les autorités qui ont qualité pour opérer des prélèvements en vue de l'application de la loi du 16 avril 1897, modifiée par la loi du 23 juillet 1907, concernant la répression de la fraude dans le commerce du beurre sont :

Les inspecteurs des fabriques de margarine et d'oléo-margarine institués conformément à l'article 17 du présent décret ;

Les commissaires de police ;

Les commissaires de la police spéciale des chemins de fer et des ports ;

Les agents des contributions indirectes et des douanes agissant à l'occasion de l'exercice de leurs fonctions ou commissionnés spécialement à cet effet par le Ministre de l'Agriculture ;

Les inspecteurs des halles, foires, marchés et abattoirs ;

Les agents des octrois et les vétérinaires sanitaires individuellement désignés par les Préfets pour concourir à l'application de la loi du 1er août 1905 et commissionnés par eux à cet effet ;

Les agents spéciaux institués par les départements ou les communes pour concourir à l'application de ladite loi, dans les conditions prévues à l'article 2 du décret susvisé du 31 juillet 1906.

Art. 11. — Des prélèvements d'échantillons peuvent, en toutes circonstances, être opérés d'office dans les magasins, boutiques, ateliers, voitures servant de commerce, ainsi que dans les entrepôts, les abattoirs et leurs dépendances, les halles, foires et marchés, et dans les gares ou ports de départ et d'arrivée.

Les prélèvements sont obligatoires dans tous les cas où les produits paraissent falsifiés, corrompus ou toxiques.

Les administrations publiques sont tenues de fournir aux agents désignés à l'article 10 tous éléments d'information nécessaires à l'exécution de la loi du 16 avril 1897, modifiée par la loi du 23 juillet 1907.

Les entrepreneurs de transports sont tenus de n'apporter aucun obstacle aux réquisitions pour prises d'échantillons et de représenter les titres de mouvement, lettres de voiture, récépissés, connaissements et déclarations dont ils sont détenteurs.

ART. 12. — Tout prélèvement comporte quatre échantillons, l'un destiné au laboratoire pour analyse, les trois autres éventuellement destinés aux experts.

ART. 13. — Tout prélèvement donne lieu, séance tenante, à la rédaction, sur papier libre, d'un procès-verbal.

Ce procès-verbal doit porter les mentions suivantes :

1º Les nom, prénoms, qualité et résidence de l'agent verbalisateur ;

2º La date, l'heure et le lieu où le prélèvement a été effectué ;

3º Les nom, prénoms, profession, domicile ou résidence de la personne chez laquelle le prélèvement a été opéré. Si le prélèvement a eu lieu en cours de route, les noms et domiciles des personnes figurant sur les lettres de voiture ou les connaissements comme expéditeurs et destinataires ;

4º La signature de l'agent verbalisateur.

Le procès-verbal doit, en outre, contenir un exposé succinct des circonstances dans lesquelles le prélèvement a été opéré, relater les marques et étiquettes apposées sur les enveloppes ou récipients, l'importance du lot de marchandises échantillonné, ainsi que toutes les indications jugées utiles pour établir l'authenticité des échantillons prélevés et l'identité de la marchandise.

Le propriétaire ou détenteur de la marchandise ou, le cas échéant, le représentant de l'entreprise de transport peut, en outre, faire insérer au procès-verbal toutes les déclarations qu'il juge utiles.

ART. 14. — Lorsque la prise d'échantillon est effectuée ailleurs que chez le propriétaire, celui entre les mains de qui elle est opérée est tenu de faire connaître le nom et la demeure de la personne dont il détient la marchandise ; s'il ne veut ou ne peut indiquer ce nom et cette demeure, comme s'il refuse de signer le procès-verbal, mention en est faite audit procès-verbal.

Art. 15. — Les formalités prescrites par le décret du 31 juillet 1906 dans ses articles 7, 8, 9, 10, 11, 12, 13, 14, dans les deux premiers alinéas de l'article 15, ainsi que dans l'article 16, sont applicables aux prélèvements et aux analyses effectués pour la répression des fraudes dans le commerce du beurre, en exécution de la loi du 16 avril 1897, modifiée par la loi du 23 juillet 1907.

Art. 16. — Les règles établies par le décret du 31 juillet 1906 dans ses articles 17, 18, 19, 20, 21 et 24 pour le fonctionnement des expertises contradictoires et pour le remboursement de la valeur des échantillons en cas de non-lieu et d'acquittement sont applicables lorsqu'il y a lieu à poursuites pour infraction à la loi du 26 avril 1897, modifiée par la loi du 23 juillet 1907.

## TITRE IV

### ORGANISATION DU SERVICE D'INSPECTION

Art. 17 — Le service de surveillance prévu par l'article 6 de la loi du 16 avril 1897 et par le titre premier du présent décret est confié à des inspecteurs nommés par le Ministre de l'Agriculture, parmi les agents de l'Administration des Contributions indirectes mis, à cet effet, à sa disposition par le Ministre des Finances.

Ces agents continuent à faire partie de l'Administration des Contributions indirectes et y conservent leurs droits à l'avancement.

Ils reçoivent, sur le budget du Ministère de l'Agriculture, le traitement correspondant à leur grade dans l'Administration des Contributions indirectes et les allocations accessoires arrêtées par le Ministre de l'Agriculture.

Ceux de ces agents qui auraient révélé les secrets de fabrication venus à leur connaissance seraient immédiatement relevés de leurs fonctions, sans préjudice des autres mesures disciplinaires qui pourraient être prises à leur égard, ni des poursuites civiles ou correctionnelles qu'ils auraient encourues.

Art. 18. — Les traitements et allocations accessoires attribués aux inspecteurs sont à la charge du fabricant à l'usine duquel chacun d'eux est attaché.

L'état des frais à rembourser par chaque fabricant, d'après le nombre des agents spécialement affectés à la surveillance de son usine, est arrêté chaque année par le Ministre de l'Agriculture et transmis au Ministre des Finances, qui en assure le recouvrement comme en matière de contributions directes.

Les fabricants de margarine et d'oléo-margarine sont tenus de fournir gratuitement un local servant de bureau aux contrôleurs.

Art. 19. — La surveillance prévue au titre II du présent décret est exercée concurremment avec les officiers de police judiciaire par les autorités qualifiées pour procéder au prélèvement des échantillons et énumérées à l'article 10 ci-dessus.

Le Ministre de l'Agriculture et le Ministre des Finances fixent les indemnités à attribuer, s'il y a lieu, à ces agents en raison du travail supplémentaire qui leur est ainsi imposé.

---

**DÉCRET du 3 septembre 1907, portant règlement d'administration publique pour l'application de la loi du 1er août 1905 sur la répression des fraudes dans la vente des marchandises et des falsifications des denrées alimentaires et des produits agricoles, en ce qui concerne les vins, les vins mousseux, et les eaux-de-vie et spiritueux.**

## TITRE PREMIER

### VINS

Article premier. — Aucune boisson ne peut être détenue ou transportée en vue de la vente, mise en vente ou vendue sous le nom de vin que si elle provient exclusivement de la fermentation du raisin frais ou du jus de raisin frais.

Art. 2. — Sont considérées comme frauduleuses, les manipulations et pratiques qui ont pour objet de modifier l'état naturel du vin, dans le but soit de tromper l'acheteur sur les qualités substantielles ou l'*origine* du produit, soit d'en diminuer l'altération.

En conséquence, rentre dans les cas prévus par l'article 3 de la loi du 1er août 1905 et par l'article 4 de la loi du 29 juin 1907 le fait d'exposer, de mettre en vente ou de vendre, sous forme indiquant leur destination ou leur emploi, tous produits, de composition secrète ou non, propres à effectuer les manipulations ou pratiques ci-dessus visées.

ART. 3. — Ne constituent pas des manipulations et pratiques frauduleuses aux termes de la loi du 1er août 1905 les opérations ci-après énumérées qui ont uniquement pour objet la vinification régulière ou la conservation des vins :

1° En ce qui concerne les vins ;

Le coupage des vins entre eux ;

La congélation des vins en vue de leur concentration partielle ;

La pasteurisation ;

Les collages au moyen de clarifiants consacrés par l'usage tels que l'albumine pure, le sang frais, la caséine pure, la gélatine pure ou la colle de poisson ;

L'addition du tanin dans la mesure indispensable pour effectuer le collage au moyen des albumines ou de la gélatine ;

La clarification des vins blancs tachés, au moyen du charbon pur ;

Le traitement par l'anhydride sulfureux pur provenant de la combustion du soufre, et par les bisulfites alcalins cristallisés purs. Les quantités employées seront telles que le vin ne retienne pas plus de 350 milligrammes d'anhydride sulfureux, libre et combiné, par litre. En aucun cas, les bisulfites alcalins ne peuvent être employés à une dose supérieure à 20 grammes par hectolitre ;

2° En ce qui concerne les moûts :

Indépendamment de l'emploi du plâtre et du sucre dans les limites fixées par les lois du 11 juillet 1891 et du 28 janvier 1903 :

Le traitement par l'anhydride sulfureux et par les bisulfites alcalins dans les conditions fixées ci-dessus pour les vins ;

L'addition de tanin ;

L'addition à la cuve d'acide tartrique cristallisé pur dans les moûts insuffisamment acides. L'emploi simultané de l'acide tartrique et du sucre est interdit ;

L'emploi des levures sélectionnées.

ART. 4. — Dans les établissements où s'exerce le commerce de détail des vins, il doit être apposé d'une manière apparente, sur les récipients, emballages, casiers ou fûts, une inscription indiquant la dénomination sous laquelle le vin est mis en vente.

Cette inscription n'est pas obligatoire pour les bouteilles et récipients dans lesquels les vins de consommation courante sont emportés séance tenante par l'acheteur ou servis par le vendeur pour être consommés sur place.

Les inscriptions doivent être rédigées sans abréviation, et disposées de façon à ne pas dissimuler la dénomination du produit.

# TITRE II

### VINS MOUSSEUX

Art. 5. — Les dispositions du titre 1er du présent décret sont applicables aux vins mousseux.

Indépendamment des manipulations et pratiques prévues à l'article 3 ci-dessus, sont considérés comme licites, en ce qui concerne spécialement les vins mousseux :

1º Les manipulations et traitements connus sous le nom de méthode champenoise ;

2º La gazéification par l'addition d'acide carbonique pur.

Aucun vin ne peut être détenu ou transporté en vue de la vente, mis en vente ou vendu sous la seule dénomination de « vin mousseux » que si son effervescence résulte d'une seconde fermentation alcoolique en bouteilles, soit spontanée, soit produite suivant la méthode champenoise.

Lorsque l'effervescence d'un vin est produite, même partiellement, par l'addition d'acide carbonique, il n'est pas interdit d'employer dans sa dénomination le mot « mousseux », mais à la condition qu'il soit accompagné du terme « fantaisie », d'un qualificatif différenciant ce vin de ceux prévus à l'alinéa précédent, de telle façon qu'aucune confusion ne soit possible dans l'esprit de l'acheteur sur le mode de fabrication employé, la nature ou *l'origine* du produit.

Dans les inscriptions et marques figurant sur les récipients, le mot « mousseux » et le qualificatif qui l'accompagne ou le terme « fantaisie » doivent être imprimés en caractères identiques.

# TITRE III

## EAUX-DE-VIE ET SPIRITUEUX

ART. 6. — Il est interdit de détenir ou de transporter en vue de la vente, de mettre en vente et de vendre sous les dénominations fixées au présent article, les produits autres que ceux ayant, aux termes dudit article, un droit exclusif à ces dénominations.

Les dénominations d'eau-de-vie de vin, d'alcool de vin ou d'esprit de vin, sont réservées aux produits provenant de la distillation exclusive du vin tel qu'il est défini au titre premier du présent règlement.

Les dénominations d'eaux-de-vie de cidre ou de poiré sont réservées aux produits provenant de la distillation exclusive des cidres et poirés.

La dénomination d'eau-de-vie de marc ou de maro est réservée à l'eau-de-vie provenant de la distillation exclusive des marcs de raisin frais additionnés ou non d'eau.

La dénomination de kirsch est réservée au produit exclusif de la fermentation alcoolique et de la distillation des cerises ou des merises.

Les dénominations d'eau-de-vie de prunes, mirabelles, quetsch ou de tous autres fruits, sont réservées au produit exclusif de la fermentation alcoolique et de la distillation desdits fruits.

La dénomination de genièvre est réservée à la boisson alcoolique obtenue, dans les conditions prévues à l'article 15 de la loi du 30 mars 1902, par la distillation simple en présence de baies de genièvre, du moût fermenté de seigle, de blé, d'orge ou d'avoine.

La dénomination de rhum ou de tafia est réservée au produit exclusif de la fermentation alcoolique et de la distillation soit du jus de la canne à sucre, soit des mélasses ou sirops provenant de la fabrication du sucre de canne.

ART. 7. — Les spiritueux visés à l'article précédent, lorsqu'ils ne proviennent pas en totalité d'une même région ou d'un même cru, ne peuvent être désignés sous l'appellation réservée aux produits de cette région ou de ce cru particulier.

Les mélanges d'eau-de-vie de cidre, de poiré, de prunes, mirabelles, quetsch ou de tous autres fruits avec de l'eau-de-vie de vin ou avec des alcools d'industrie, ainsi que les mélanges d'eau-de-vie de vin et d'alcools d'industrie, peuvent être désignés sous le nom d'eau-de-vie.

Les mélanges d'eau-de-vie de marc, de kirsch, de rhum ou de tafia avec des eaux-de-vie ou des alcools d'industrie peuvent être désignés sous leur nom spécifique, mais accompagnés du terme « fantaisie » ou d'un qualificatif les différenciant des produits définis à l'article précédent, de telle façon qu'aucune confusion ne puisse se produire dans l'esprit de l'acheteur sur la nature ou l'origine des produits.

Dans les inscriptions et marques servant à désigner les mélanges ou les spiritueux visés au présent article, la dénomination du produit et le qualificatif qui l'accompagne, ou le terme « fantaisie », doivent être imprimés en caractères identiques.

Art. 8. — Sont considérées comme frauduleuses les manipulations et pratiques destinées à modifier l'état naturel des eaux-de-vie et spiritueux dans le but de tromper l'acheteur sur les qualités substantielles, la composition ou l'origine de ces produits.

En conséquence, rentre dans le cas prévu par l'article 3 de la loi du 1er août 1905 le fait d'exposer, de mettre en vente ou de vendre sous forme indiquant leur destination ou leur emploi, tous produits, de composition secrète ou non, pouvant servir à effectuer les manipulations ou opérations ci-dessus visées.

Art. 9. — Dans tous les établissements où s'exerce le commerce de détail des eaux-de-vie et spiritueux, les bouteilles, récipients et emballages renfermant les produits visés au présent titre doivent porter une inscription indiquant, en caractères apparents, la dénomination sous laquelle ces produits sont mis en vente ou détenus en vue de la vente.

Cette inscription doit être rédigée sans abréviation et disposée de façon à ne pas dissimuler la dénomination du produit.

## TITRE IV

### DISPOSITIONS GÉNÉRALES APPLICABLES AUX VINS, AUX VINS MOUSSEUX ET AUX EAUX-DE-VIE ET SPIRITUEUX

Art. 10. — En vue d'assurer la protection des appellations régionales et de crus particuliers réservées aux vins, vins mousseux, eaux-de-vie et spiritueux qui ont, par leur origine, un droit exclusif à ces appellations, il sera statué ultérieurement, par des règlements d'administration publique, sur la délimitation des régions pouvant prétendre exclusivement aux appellations de provenance des produits.

ART. 11. — Il est interdit à toute personne se livrant au commerce des vins ou des eaux-de-vie et spiritueux, de faire figurer sur ses étiquettes, marques, factures, papiers de commerce, emballages et récipients, la mention « propriétaire à », « viticulteur à », « négociant à », ou « commerçant à », suivie du nom d'une région ou d'un cru particulier sur le territoire desquels elle ne possède ni propriété, ni vignoble, ni établissement commercial.

ART. 12. — Lorsqu'un nom de localité constitue une appellation désignant un produit qui a un droit exclusif à cette appellation, les propriétaires, viticulteurs, négociants ou commerçants résidant dans cette localité, quand ils mettent en vente ou vendent un produit n'ayant pas droit à ladite appellation, ne peuvent faire figurer sur leurs étiquettes, marques, factures, papiers de commerce, emballages et récipients, le nom de ladite localité qu'à condition de le faire précéder des mots « propriétaire à... », viticulteur à... », « négociant à... » ou « commerçant à... », suivis de l'indication du département où est située la localité, le tout imprimé en caractères identiques.

ART. 13. — L'emploi de toute indication ou signe susceptible de créer dans l'esprit de l'acheteur une confusion sur la nature ou sur l'origine des produits visés au présent décret, lorsque, d'après la convention ou les usages, la désignation de l'origine attribuée à ces produits devra être considérée comme la cause principale de la vente, est interdit en toutes circonstances et sous quelque forme que ce soit, notamment :

1° Sur les récipients et emballages ;

2° Sur les étiquettes, capsules, bouchons, cachets ou tout autre appareil de fermeture ;

3° Dans les papiers de commerce, factures, catalogues, prospectus, prix courants, enseignes, affiches, tableaux-réclames, annonces, ou tout autre moyen de publicité.

ART. 14. — Un délai de six mois, à dater de la publication du présent règlement, est accordé aux intéressés pour se conformer aux prescriptions des articles 4, 5, 7, 9, 12 et 13, en ce qui concerne les inscriptions réglementaires.

**DÉCRET du 11 mars 1908 portant règlement d'administration publique pour l'exécution de la loi du 1ᵉʳ août 1905 sur la répression des fraudes dans la vente des marchandises et des falsifications des denrées alimentaires et des produits agricoles en ce qui concerne les graisses et huiles comestibles.**

ARTICLE PREMIER. — Il est interdit de détenir ou de transporter en vue de la vente, de mettre en vente ou de vendre :

1º Sous le nom de « saindoux » tout produit ne provenant pas exclusivement des tissus adipeux du porc ;

2º Sous le nom de « saindoux pure panne », tout produit ne provenant pas exclusivement de la panne de porc.

Ces produits sont obtenus par extraction à chaud ; ils perdent tout droit à ces appellations lorsqu'ils ont subi ultérieurement une manipulation susceptible de modifier leur composition naturelle ou leur teneur en principes utiles.

ART. 2. — Toute matière grasse comestible concrète à la température de 15 degrés, autre que le beurre et le saindoux, vendue à l'état pur, peut être désignée sous le nom de « graisse » ; mais cette dénomination doit être complétée par l'indication de la matière animale et végétale d'où la graisse est tirée.

Tout mélange concret à la température de 15 degrés de matières grasses comestibles pures, concrètes ou fluides, à l'exception des produits visés par l'article 2 de la loi du 16 avril 1897, doit être désigné sous une dénomination qui le distingue nettement des graisses pures visées au précédent paragraphe.

ART. 3 (modifié par le décret du 20 juillet 1910). — Il est interdit de détenir ou de transporter en vue de la vente, de mettre en vente ou de vendre sous la dénomination d'« huile d'olive », de « noix » ou de tout autre fruit ou graine, une huile ne provenant pas exclusivement des olives, des noix ou des fruits ou graines indiqués dans ladite dénomination.

Les huiles alimentaires mises en vente sans indication des fruits ou graines, dont elles proviennent et les mélanges d'huiles destinés à l'alimentation ne peuvent être désignés que sous l'appellation « huile comestible » ou « huile de table ».

Ces appellations « huile comestible » et « huile de table » ne peuvent être suivies d'autres indications que « blanche », « à friture », « 1°, 2°, 3°... qualité », « 1°, 2°, 3° ... choix ». L'emploi simultané de ces appellations et d'une marque commerciale n'est autorisé qu'à la condition qu'il ne résulte de l'usage aucune confusion entre les produits désignés sous lesdites appellations et les huiles visées à l'alinéa suivant.

Les qualificatifs « vierge », « fine », « surfine », « superfine », « extra », « supérieure », sont exclusivement réservés aux huiles dont la dénomination fait connaître les fruits ou graines dont elles proviennent.

Art. 4 (modifié par le décret du 20 juillet 1910). — Les dénominations usitées dans le commerce pour désigner les mélanges de graisses, et les appellations « huile comestible », « huile de table », lorsqu'elles désignent une huile mélangée peuvent être accompagnées de l'indication d'un ou de plusieurs des éléments constituant le mélange, mais à la condition que la mention complémentaire fasse connaître exactement la proportion dans laquelle le ou les éléments dénommés entrent dans le mélange.

Les dénominations et mentions ci-dessus prévues doivent être imprimées en caractères identiques.

Art. 5. — Il est interdit à toute personne se livrant au commerce des huiles de faire figurer sur ses étiquettes, marques, factures, papiers de commerce, emballages et récipients, l'indication « propriétaire à... », « oléiculteur à... », « négociant à... » ou « commerçant à... », suivie du nom d'une région ou d'une localité dans laquelle elle ne possède ni propriété ni établissement commercial ou industriel.

Art. 6. — L'emploi de toute indication ou signe susceptible de créer dans l'esprit de l'acheteur une confusion sur la nature ou sur l'origine des produits visés au présent décret, lorsque d'après la convention ou les usages, la désignation de l'origine attribuée à ces produits devra être considérée comme la cause principale de la vente, est interdit en toutes circonstances et sous quelque forme que ce soit, notamment :

1° Sur les récipients et emballages ;

2° Sur les étiquettes, capsules, bouchons, cachets ou tout autre appareil de fermeture ;

3° Dans les papiers de commerce, factures, catalogues, prospectus, prix courants, enseignes, affiches, tableaux-réclames, annonces, ou tout autre moyen de publicité.

ART. 7 (modifié par le décret du 20 juillet 1910). — Dans tous les établissements où s'exerce le commerce des graisses et des huiles destinées à l'alimentation, les produits mis en vente ou les récipients et emballages qui les contiennent, doivent porter une inscription indiquant, en caractères apparents, la dénomination sous laquelle ces produits sont mis en vente. Cette inscription doit être rédigée sans abréviation et disposée de façon à ne pas dissimuler la dénomination du produit.

L'inscription portée sur les récipients ou emballages dans lesquels la marchandise est livrée doit indiquer, en caractères apparents, soit le poids net ou le volume, soit le poids brut et la tare d'usage.

L'obligation édictée par le paragraphe précédent ne s'applique qu'aux marchandises livrées directement au consommateur.

ART. 8. — Le présent décret ne sera exécutoire que dans un délai de trois mois à dater de sa publication en ce qui concerne les articles 4, 5, 6 et 7 dudit décret.

---

**DÉCRET du 28 juillet 1908, portant règlement d'administration publique pour l'application de la loi du 1er août 1905 sur la répression des fraudes dans la vente des marchandises et des produits agricoles, en ce qui concerne les bières.**

ARTICLE PERMIER. — Il est interdit de détenir ou de transporter en vue de la vente, de mettre en vente ou de vendre sous la dénomination de « bière », un produit autre que la boisson obtenue par la fermentation alcoolique d'un moût fabriqué avec du houblon et du malt d'orge pur ou associé à un poids au plus égal de malt provenant d'autres céréales, de matières amylacées, de sucre interverti ou de glucose.

ART. 2. — Doit être désignée sous le nom de « petite bière », la bière provenant d'un moût dont la densité est inférieure à deux degrés.

ART. 3. — Ne constituent pas des manipulations et pratiques frauduleuses aux termes de la loi du 1er août 1905 les opérations ci-après énumérées, qui ont pour objet la fabrication régulière ou la conservation de la bière :

1° La clarification, soit en chaudière, soit pendant ou après la fermentation, à l'aide de substances dont l'emploi est déclaré licite par

arrêtés pris de concert par les Ministres de l'Intérieur et de l'Agriculture sur l'avis du Conseil supérieur d'Hygiène publique et de l'Académie de Médecine ;

2º La pasteurisation ;

3º L'addition du tanin dans la mesure indispensable pour effectuer le collage ;

4º La coloration au moyen du caramel ou d'extraits obtenus par
torréfaction des céréales et substances dont l'emploi est autorisé, dans
la fabrication de la bière, par l'article premier du présent décret ;

5º Le traitement par l'anhydride sulfureux pur provenant de la
combustion du soufre et par les bisulfites purs, à la double condition
que la bière ne retienne pas plus de 50 milligrammes d'anhydride sulfureux, libre ou combiné, par litre, et que l'emploi des bisulfites soit
limité à 5 grammes par hectolitre.

Art. 4. — Est interdite l'addition à la bière de tous antiseptiques
autres que l'anhydride sulfureux, les bisulfites et ceux qui pourront être
ultérieurement autorisés dans les formes prévues au paragraphe premier
de l'article 3 ci-dessus.

Art. 5. — Il est interdit de détenir en vue de la vente, de mettre
en vente ou de vendre des produits désignés sous une appellation ou
dans des termes de nature à faire croire que les boissons préparées à
l'aide de ces produits peuvent être également mélangées à la bière, ou
même vendues séparément comme bière.

Art. 6 — Les produits présentés au public comme pouvant servir
soit à la fabrication des moûts, soit aux manipulations et pratiques
autorisées par l'article 3 du présent décret, doivent être désignés sous
une appellation faisant connaître expressément la nature et la composition de ces produits.

Art. 7. — Dans les établissements où s'exerce le commerce de
détail des bières, il doit être apposé d'une manière apparente, sur les
récipients, emballages, casiers ou fûts, une inscription indiquant la
dénomination sous laquelle la bière est mise en vente.

Cette inscription n'est pas obligatoire pour les bouteilles ou récipients dans lesquels la bière est emportée séance tenante par l'acheteur
ou servie par le vendeur pour être consommée sur place.

Les inscriptions doivent être rédigées sans abréviation et disposées
de façon à ne pas dissimuler la dénomination du produit.

ART. 8. — L'emploi de toute indication ou signe susceptible de créer dans l'esprit de l'acheteur une confusion sur la nature ou sur *le lieu de fabrication de la bière*, lorsque d'après la convention ou les usages la désignation de ce lieu de fabrication devra être considérée comme la cause principale de la vente, est interdit en toutes circonstances et sous quelque forme que ce soit, notamment :

1º Sur les récipients et emballages ;

2º Sur les étiquettes, capsules, bouchons, cachets ou tout autre appareil de fermeture ;

3º Dans les papiers de commerce, factures, catalogues, prospectus, prix courants, enseignes, affiches, tableaux-réclames, annonces ou tout autre moyen de publicité.

ART. 9. — Un délai de six mois, à dater de la publication du présent règlement, est accordé aux intéressés pour se conformer aux prescriptions des articles 6, 7 et 8, en ce qui concerne les inscriptions réglementaires.

ART. 10. — A titre transitoire, les arrêtés ministériels prévus à l'article 3 ci-dessus pourront être pris sans le double avis préalable de l'Académie de Médecine et du Conseil supérieur d'Hygiène publique, sauf revision desdits arrêtés, après avis de ces deux corps, dans l'année qui suivra la publication du présent décret.

---

**DÉCRET du 28 juillet 1908, portant règlement d'administration publique pour l'application de la loi du 1ᵉʳ août 1905 sur la répression des fraudes dans la vente des marchandises et des produits agricoles, en ce qui concerne les cidres et les poirés.**

ARTICLE PREMIER. — Aucune boisson ne peut être détenue ou transportée en vue de la vente, mise en vente ou vendue : 1º sous le nom de « cidre », si elle ne provient exclusivement de la fermentation du jus de pommes fraîches, ou d'un mélange de pommes et de poires fraîches, extrait avec ou sans addition d'eau potable ; 2º sous le nom de « poiré », si elle ne provient exclusivement de la fermentation du jus de poires fraîches, extrait avec ou sans addition d'eau potable.

ART. 2. — La dénomination de « cidre pur jus » ou « poiré pur jus » est réservée au cidre ou au poiré obtenu sans addition d'eau.

La dénomination de « cidre » ou « poiré » est réservée au cidre ou poiré contenant au moins :

3 degrés 5 d'alcool acquis ou en puissance ;
12 grammes d'extrait sec à 100 degrés (sucre déduit) par litre ;
1 gramme 2 de matières minérales (cendres) par litre.

Tout cidre ou poiré présentant dans sa composition des quantités d'alcool, d'extrait ou de matières minérales inférieures à l'une quelconque des limites fixées par le présent règlement, doit être dénommé « petit cidre » ou « petit poiré ».

ART. 3. — Sont considérées comme frauduleuses les manipulations et pratiques qui ont pour objet de modifier la composition du cidre et du poiré définis à l'article ci-dessus, dans le but soit de tromper l'acheteur sur les qualités substantielles ou l'origine du produit, soit d'en dissimuler l'altération.

En conséquence, rentre dans le cas prévu par l'article 3, paragraphe 4, de la loi du 1er août 1905, le fait d'exposer, de mettre en vente ou de vendre, sous forme indiquant leur destination ou leur emploi, tous produits, de composition secrète ou non, propres à effectuer les manipulations ou pratiques ci-dessus visées.

Il en est de même du fait d'exposer, de mettre en vente ou de vendre des produits désignés sous une appellation ou dans des termes de nature à faire croire que les boissons fabriquées avec ces produits peuvent être légalement mélangées aux cidres et poirés, ou même vendues séparément comme cidre ou poiré.

ART. 4. — Ne constituent pas des manipulations ou pratiques frauduleuses, aux termes de la loi du 1er août 1905, les opérations ci-après énumérées qui ont uniquement pour objet la préparation régulière ou la conservation des cidres et poirés :

1° En ce qui concerne les cidres et les poirés :
Le coupage des cidres entre eux ;
Le coupage des poirés entre eux ;
Le coupage des cidres avec des poirés ;
L'emploi du sucre (saccharose) en vue de l'édulcoration des cidres et poirés ou de la préparation des cidres et poirés mousseux ;
Les collages au moyen de clarifiants tels que l'albumine pure, la caséine pure, la gélatine pure ou la colle de poisson, ou tout autre produit dont l'usage pourra être déclaré licite par arrêtés pris de

concert par les Ministres de l'Intérieur et de l'Agriculture, sur l'avis du Conseil supérieur d'Hygiène publique et de l'Académie de Médecine;

L'addition de tanin ;

La pasteurisation ;

Le traitement par l'anhydride sulfureux pur provenant de la combustion du soufre et par les bisulfites alcalins cristallisés purs, à la double condition que le cidre ou poiré ne retienne pas plus de 100 milligrammes d'anhydride sulfureux, libre ou combiné, par litre, et que l'emploi des bisulfites alcalins soit limité à 10 grammes par hectolitre ;

L'addition d'acide tartrique ou d'acide citrique à la dose maximum de 500 milligrammes par litre ;

La coloration à l'aide de la cochenille, du caramel, d'infusion de chicorée, ou de toute autre substance colorante dont l'emploi pourra être déclaré licite dans les formes fixées au paragraphe 6 du présent article ;

2° En ce qui concerne les moûts :

L'addition de sucre (saccharose) ;

L'addition de tanin, de phosphate d'ammoniaque cristallisé pur et de phosphate de chaux pur ;

Le traitement par l'anhydride sulfureux et les bisulfites alcalins, dans les conditions fixées ci-dessus pour les cidres et poirés ;

L'emploi des levures sélectionnées.

Art. 5. — Aucun cidre ou poiré ne peut être détenu ou transporté en vue de la vente, mis en vente ou vendu sous la seule dénomination de « cidre mousseux » ou « poiré mousseux » que si son effervescence résulte d'une prolongation de la fermentation alcoolique.

Lorsque l'effervescence d'un cidre ou d'un poiré est produite, même partiellement, par l'addition d'acide carbonique, il n'est pas interdit d'employer dans sa dénomination le mot « mousseux », mais à la condition qu'il soit accompagné du terme « fantaisie » ou d'un qualificatif différenciant ce cidre ou poiré de ceux prévus à l'alinéa précédent, de telle façon qu'aucune confusion ne soit possible dans l'esprit de l'acheteur sur le mode de fabrication employé, la nature ou l'origine du produit.

*Dans les inscriptions et marques figurant sur les récipients, le mot « mousseux » et le qualificatif qui l'accompagne ou le terme « fantaisie » doivent être imprimés en caractères identiques.*

Art. 6. — Dans les établissements où s'exerce le commerce de détail des cidres et poirés, il doit être apposé, d'une manière apparente, sur les récipients, emballages, casiers ou fûts, une inscription indiquant la dénomination sous laquelle le cidre ou le poiré est mis en vente.

Cette inscription n'est pas obligatoire pour les bouteilles ou récipients dans lesquels le cidre ou le poiré est emporté, séance tenante, par l'acheteur ou servi par le vendeur pour être consommé sur place.

Les inscriptions doivent être rédigées sans abréviation et disposées de façon à ne pas dissimuler la dénomination du produit.

ART. 7. — L'emploi de toute indication ou signe susceptible de créer dans l'esprit de l'acheteur une confusion sur la nature ou sur l'origine des cidres et poirés, lorsque d'après la convention ou les usages la désignation de l'origine attribuée à ces boissons devra être considérée comme la cause principale de la vente, est interdit en toute circonstance et sous quelque forme que ce soit, notamment :

1° Sur les récipients et emballages ;

2° Sur les étiquettes, capsules, bouchons, cachets ou tous autres appareils de fermeture ;

3° Dans les papiers de commerce, factures, catalogues, prospectus, prix courants, enseignes, affiches, tableaux-réclames, annonces ou tout autre moyen de publicité.

ART. 8. — Un délai de six mois, à dater de la publication du présent règlement, est accordé aux intéressés pour se conformer aux prescriptions des articles 5, 6 et 7, en ce qui concerne les inscriptions réglementaires.

ART. 9. — A titre transitoire, les arrêtés ministériels prévus à l'article 4 ci-dessus, pourront être pris sans le double avis préalable de l'Académie de Médecine et du Conseil supérieur d'Hygiène publique, sauf revision desdits arrêtés, après avis de ces deux corps, dans l'année qui suivra la publication du présent décret.

---

**DÉCRET du 28 juillet 1908, portant règlement d'administration publique pour l'application de la loi du 1er août 1905 sur la répression des fraudes dans la vente des marchandises et des produits agricoles, en ce qui concerne les vinaigres.**

ARTICLE PREMIER. — La dénomination de vinaigre est réservée au produit obtenu par la fermentation acétique de boissons ou dilutions alcooliques et renfermant au moins 6 p. 100 d'acide acétique.

ART. 2. — Il est interdit de détenir ou de transporter en vue de la vente, de mettre en vente ou de vendre sous la dénomination de « vinaigre de vin », « vinaigre de cidre », ou « vinaigre de bière », un produit ne provenant pas exclusivement de la fermentation acétique du vin, du cidre ou de la bière. Le minimum de teneur acétique fixé à l'article premier n'est pas applicable aux produits naturels visés au présent paragraphe.

La désignation d'un vinaigre par simple adjonction d'un nom de localité ou de région viticoles ne peut s'appliquer qu'à des vinaigres de vin.

ART. 3. — Les mélanges de vinaigres provenant de boissons alcooliques avec des vinaigres d'alcool peuvent être désignés sous une dénomination faisant apparaître l'un des éléments du mélange, mais à la condition qu'une mention complémentaire fasse connaître exactement la proportion dans laquelle l'élément dénommé entre dans le mélange.

Les dénominations et mentions ci-dessus prévues doivent être imprimées en caractères identiques.

ART. 4. — Est interdit, dans la fabrication des vinaigres, l'emploi d'acide acétique, d'acide pyroligneux, d'acides minéraux et de vinasses.

Est également interdite l'addition aux vinaigres de ces mêmes produits.

ART. 5. — Ne constituent pas des manipulations frauduleuses aux termes de la loi du 1er août 1905 :

1º L'addition aux vinaigres de substances destinées exclusivement à les aromatiser ;

2º La coloration artificielle des vinaigres au moyen de caramel, de cochenille, d'oseille, ou de toute autre matière colorante dont l'emploi aura été déclaré licite par arrêté pris de concert par les Ministres de l'Agriculture et de l'Intérieur, sur avis du Conseil supérieur d'Hygiène publique et de l'Académie de Médecine.

Toutefois, en cas de coloration artificielle, afin d'éviter toute confusion dans l'esprit de l'acheteur, sur la nature des vinaigres du fait de leur coloration, la dénomination employée doit être accompagnée du qualificatif « coloré ». La dénomination et le terme « coloré » doivent être imprimés en caractères identiques.

ART. 6. — Dans les établissements où s'exerce le commerce de détail des vinaigres, il doit être apposé, d'une manière apparente, sur les récipients, emballages, casiers ou fûts, une inscription indiquant la dénomination sous laquelle les vinaigres sont mis en vente. Cette inscription doit être rédigée sans abréviation et disposée de façon à ne pas dissimuler la dénomination du produit.

ART. 7. — L'emploi de toute indication ou signe susceptible de créer dans l'esprit de l'acheteur une confusion sur la nature ou sur l'origine des produits visés au présent décret lorsque, d'après la convention ou les usages, la désignation de l'origine attribuée à ces produits devra être considérée comme la cause principale de la vente, est interdit en toutes circonstances et sous quelque forme que ce soit, notamment :

1º Sur les récipients et emballages ;

2º Sur les étiquettes, capsules, bouchons, cachets ou tout autre appareil de fermeture ;

3º Dans les papiers de commerce, factures, catalogues, prospectus, prix courants, enseignes, affiches, tableaux-réclames, annonces ou tout autre moyen de publicité.

ART. 8. — Un délai de six mois, à dater de la publication du présent règlement, est accordé aux intéressés pour se conformer aux prescriptions des articles 2, 3, 5, 6 et 7 en ce qui concerne les inscriptions réglementaires.

ART. 9. — A titre transitoire, les arrêtés ministériels prévus à l'article 5 ci-dessus pourront être pris sans le double avis préalable de l'Académie de Médecine et du Conseil supérieur d'Hygiène publique, sauf revision desdits arrêtés, après avis de ces deux corps, dans l'année qui suivra la publication du présent décret.

---

**DÉCRET du 28 juillet 1908, portant règlement d'administration publique pour l'application de la loi du 1ᵉʳ août 1905 sur la répression des fraudes dans la vente des marchandises et des produits agricoles, en ce qui concerne les liqueurs et les sirops.**

ARTICLE PREMIER. — La dénomination de « Liqueur » est réservée aux eaux-de-vie ou alcools aromatisés soit par macération de substances végétales, soit par distillation en présence de ces mêmes substances, soit par addition des produits de la distillation desdites substances en présence de l'alcool ou de l'eau, soit par l'emploi combiné de ces divers procédés. Les préparations ainsi obtenues peuvent être édulcorées au moyen de sucre, de glucose ou de miel.

Art. 2. — Il est interdit de détenir ou de transporter en vue de la vente, de mettre en vente ou de vendre sous les dénominations fixées au présent article, des produits autres que ceux ayant, aux termes dudit article, un droit exclusif à ces dénominations :

1º La dénomination de « sirop » ou de « sirop de sucre » est réservée aux dissolutions de sucre (saccharose) dans l'eau ;

2º La dénomination de « sirop » accompagnée de l'indication de l'espèce ou des espèces prédominantes de fruits entrant dans la fabrication, est réservée aux sirops composés de sucre ou de sirop de sucre et de jus de fruits.

Toutefois, la dénomination de sirops de « citron », « de limon » ou « d'orange » peut s'appliquer aux sirops composés de sirop de sucre additionné d'acide citrique et de l'alcoolat de ces fruits ou de leur essence.

3º La dénomination de « sirop de grenadine » est réservée au sirop de sucre, additionné d'acide citrique ou d'acide tartrique et aromatisé au moyen de substances végétales ;

4º La dénomination de « sirop d'orgeat » est réservée au sirop composé de sucre et de lait d'amandes ;

5º La dénomination de « sirop de moka » ou de « sirop de café » est réservée au sirop de sucre additionné d'extrait de café ;

6º La dénomination de « sirop de gomme » est réservée au sirop de sucre additionné de gomme arabique ou de gomme du Sénégal dans la proportion minimum de 20 grammes par litre.

Art. 3. — Doivent être désignés sous leur nom spécifique suivi du terme « fantaisie » ou de tout autre qualificatif différenciant le produit de ceux visés à l'article précédent :

1º Les sirops dans la préparation desquels le glucose est substitué même partiellement au sucre (saccharose) ;

2º Les sirops additionnés d'acide tartrique autres que le sirop de grenadine ;

3º Les sirops additionnés d'acide citrique autres que les sirops de citron, de limon, d'orange ou de grenadine.

Art. 4. — L'emploi, dans la fabrication des liqueurs et des sirops, de matières colorantes, est autorisé dans les conditions fixées à l'article 7 ci-dessous, sans qu'il soit nécessaire de faire mention de cet emploi dans la dénomination spécifique du produit.

Toutefois, lorsque les liqueurs ou les sirops de cassis, de cerises, de merises, de groseilles ou de framboises ont été additionnés d'une matière colorante, leur dénomination spécifique doit être accompagnée du qualificatif « coloré », ou du terme « fantaisie ».

ART. 5. — Lorsque l'arome des liqueurs ou sirops est obtenu, même partiellement, par addition de produits chimiques, dans les conditions fixées à l'article 7 ci-dessous, les liqueurs et sirops doivent être désignés sous leur nom spécifique accompagné du qualificatif « artificiel ».

ART. 6. — Dans les inscriptions *et marques* servant à désigner les produits visés au présent décret, la dénomination du produit et le qualificatif qui l'accompagne ou les termes « fantaisie », « coloré » ou « artificiel » doivent être imprimés en caractères identiques.

ART. 7. — Est interdit l'emploi, dans la fabrication des liqueurs et sirops :

1º De matières colorantes autres que celles dont l'usage est déclaré licite par arrêtés pris de concert, par les Ministres de l'Intérieur et de l'Agriculture, sur l'avis du Conseil supérieur d'Hygiène publique et de l'Académie de Médecine ;

2º De produits chimiques aromatiques et de substances amères autres que ceux autorisés dans les conditions ci-dessus et sans préjudice des interdictions spéciales édictées par l'article 17 de la loi susvisée du 30 janvier 1907 ;

3º De produits antiseptiques dont l'emploi ne serait pas déclaré licite dans les formes fixées au paragraphe premier du présent article ;

4º De résines, en ce qui concerne les absinthes et liqueurs similaires.

ART. 8. — Dans les établissements où s'exerce le commerce de détail des liqueurs et sirops, il doit être apposé d'une manière apparente sur les récipients, emballages, casiers ou fûts, une inscription indiquant la dénomination sous laquelle les liqueurs et sirops sont mis en vente.

Les inscriptions doivent être rédigées sans abréviation et disposées de façon à ne pas dissimuler la dénomination du produit.

ART. 9. — L'emploi de toute indication ou signe susceptible de créer dans l'esprit de l'acheteur une confusion sur la nature ou sur l'origine des produits visés au présent décret, lorsque d'après la convention ou les usages la désignation de l'origine attribuée à ces produits devra être considérée comme la cause principale de la vente, est interdit en toutes circonstances et sous quelque forme que ce soit, notamment :

1º Sur les récipients et emballages ;

2º Sur les étiquettes, capsules, bouchons, cachets ou tout autre appareil de fermeture ;

3º Dans les papiers de commerce, factures, catalogues, prospectus, prix courants, enseignes, affiches, tableaux-réclames, annonces ou tout autre moyen de publicité.

Art. 10. — Un délai de six mois, à dater de la publication du présent règlement, est accordé aux intéressés pour se conformer aux prescriptions des articles 3, 4, 5, 6, 8 et 9, en ce qui concerne les inscriptions réglementaires.

Art. 11. — A titre transitoire, les arrêtés ministériels prévus à l'article 7 ci-dessus pourront être pris sans le double avis préalable de l'Académie de Médecine et du Conseil supérieur d'Hygiène publique, sauf revision desdits arrêtés, après avis de ces deux corps, dans l'année qui suivra la publication du présent décret.

————————

**DÉCRET du 17 décembre 1908, délimitant les territoires auxquels est exclusivement réservée l'appellation régionale « Champagne » en ce qui concerne les vins récoltés et manipulés sur ces territoires.**

Article premier. — L'appellation régionale « Champagne » est exclusivement réservée aux vins récoltés et manipulés entièrement sur les territoires ci-après délimités :

*Département de la Marne*

Arrondissement de Châlons-sur-Marne : toutes les communes.
— de Reims : toutes les communes.
— d'Épernay : toutes les communes.

Arrondissement de Vitry-le-François :
Canton de Vitry : toutes les communes.
— de Heiltz-le-Maurupt : les communes suivantes : Bassu,
Bassuet, Changy, Doucey, Outrepont, Rosay, Vanault-le-Châtel,
Vanault-les-Dames, Vavray-le-Grand, Vavray-le-Petit.


### *Département de l'Aisne*

#### Arrondissement de Château-Thierry :

Canton de Condé-en-Brie : les communes suivantes : Condé-en-Brie,
Saint-Agnan, Barzy-sur-Marne, Baulne, Celles-lès-Condé, La Cha-
pelle-Monthodon, Chartèves, Connigis, Courboin, Courtemont-
Varennes, Crézancy, Saint-Eugène, Jaulgonne, Mézy-Moulins,
Monthurel, Montigny-lès-Condé, Montlevon, Pargny-la-Dhuys,
Passy-sur-Marne, Reuilly-Sauvigny, Tréloup.

Canton de Château-Thierry : les communes suivantes : Château-
Thierry, Azy, Blesmes, Bonneil, Brasles, Chierry, Essonnes,
Etampes, Fossoy, Gland, Mont-Saint-Père, Nesles, Nogentel,
Verdilly.

Canton de Charly : les communes suivantes : Charly, Bézule-Guéry,
Chézy-sur-Marne, Crouttes, Domptin, Montreuil-aux-Lions, Nogent-
l'Artaud, Pavant, Romeny, Saulchery, Villiers-sur-Marne.

#### Arrondissement de Soissons :

Canton de Braisne : les communes suivantes : Braisne, Acy, Augy,
Barbonval, Blanzy-lès-Fimes, Brenelle, Chassemy, Ciry-Salsogne,
Courcelles, Couvrelles, Cys-la-Commune, Dhuizel, Glennes, Lon-
gueval, Merval, Saint-Mard, Paars, Perles, Presles-et-Boves,
Révillon, Sermoise, Serval, Vasseny, Vauxéré, Vauxtin, Viel-Arcy,
Villiers-en-Prayères.

Canton de Vailly : Vailly, Bucy-le-Long, Celles-sur-Aisne, Chavonne,
Chivres, Condé-sur-Aisne, Missy-sur-Aisne, Sancy, Soupir.

**DÉCRET du 1ᵉʳ mai 1909, portant règlement d'administration publique pour la délimitation de la région ayant pour ses eaux-de-vie un droit exclusif à la dénomination de Cognac.**

ARTICLE PREMIER. — Les appellations régionales « Cognac », « eau-de-vie de Cognac », « eau-de-vie des Charentes » sont exclusivement réservées aux eaux-de-vie provenant uniquement des vins récoltés et distillés sur les territoires ci-après délimités :

### Département de la Charente-Inférieure

Arrondissement de Rochefort : toutes les communes.
Arrondissement de Marennes : toutes les communes.
— de Saintes : toutes les communes.
— de Saint-Jean-d'Angély : toutes les communes.
— de Jonzac : toutes les communes.

Arrondissement de la Rochelle :

Canton d'Ars : toutes les communes.
— de la Jarrie : toutes les communes.
— de la Rochelle Est : toutes les communes.
— de la Rochelle Ouest : toutes les communes.
— de Saint Martin : toutes les communes.
— de Courçon : les communes d'Angliers, Benon, Courçon, Cramchaban, Ferrières, Le Gué d'Alleré, La Laigne, Nuaillé, Saint-Cyr-du-Doret, Saint-Jean-de-Liversay, Saint-Martin-de-Villeneuve, Saint-Sauveur-de-Nuaillé.
Canton de Marrans : les communes de Longèves, Saint-Ouen, Villedoux.

### Département de la Charente

Arrondissement de Cognac : toutes les communes.
— de Barbezieux : toutes les communes.
— d'Angoulême :

Canton d'Angoulême (1er canton) : toutes les communes.
— d'Angoulême (2e canton) : toutes les communes.
— de Blanzac : toutes les communes.
— de Hiersac : toutes les communes.
— de Rouillac : toutes les communes.
— de Saint-Amand-de-Boixe : toutes les communes.
— de Villebois-la-Valette : toutes les communes.
— de La Rochefoucauld : les communes d'Agris, Brie, Bunzac, Chazelles, Coulgens, Jauldes, Pranzac, Rancogne, Rivières, La Rochette, Saint-Projet-Saint-Constant.
Canton de Montbron : les communes de Charras, Feuillade, Grassac, Mainzac, Marthon, Saint-Germain, Souffrignac.

Arrondissement de Ruffec :

Canton d'Aigre : toutes les communes.
— de Ruffec : les communes de Villegats et de Verteuil.
— de Mansle : les communes d'Aunac, Bayers, Celettes, Chenon, Fontclaireau, Fontenille, Juillé, Lichères, Lonnes, Mansles, Mouton, Moutonneau, Puyréaux, Saint-Amand-de-Bonnieure, Saint-Angeau, Saint-Ciers, Sainte-Colombe, Saint-Front, Saint-Groux, Valence, Villongnon.

Canton de Villefagnan : les communes de Brettes, Courcôme, Longré, Raix, Souvigné, Tuzie, Villefagnan.

*Département de la Dordogne*

Arrondissement de Ribérac :

Canton de Saint-Aulaye : les communes de Chenaud, Parcoul, Puymangou, La Roche-Chalais, Saint-Aulaye, Saint-Michel-de-Rivière.

*Département des Deux-Sèvres*

Arrondissement de Niort :

Canton de Mauzé : les communes du Bourdet, Prin-Deyrançon, Petit-Breuil-Deyrançon, Mauzé-sur-le-Mignon, Priaires, La Rochénard, Usseau.

Canton de Beauvoir-sur-Niort : les communes de Beauvoir-sur-Niort, Belleville, La Charrière, le Cormenier, La Foye-Montjault, Granzay, Gript, Prissé, la Revêtizon, Saint-Etienne-la-Cigogne, Saint-Martin-d'Augé, Thorigny.

Arrondissement de Melle :

Canton de Brioux-sur-Boutonne : la commune du Vert.

Art. 2.—Les Ministres de l'Agriculture, du Commerce et de l'Industrie, de la Justice et des Cultes et des Finances sont chargés, chacun en ce qui les concerne, de l'exécution du présent décret, qui sera publié au *Journal Officiel* de la République Française et inséré au *Bulletin des Lois*.

---

**DÉCRET du 25 mai 1909, portant règlement d'administration publique pour la délimitation de la région ayant, pour ses eaux-de-vie, un droit exclusif aux dénominations Armagnac, Bas-Armagnac, Ténarèze, Haut-Armagnac.**

Article premier. — Les appellations régionales « Armagnac », « eau-de-vie d'Armagnac », sont exclusivement réservées aux eaux-de-vie provenant uniquement des vins récoltés et distillés dans les territoires ci-après délimités :

## I. — Région du Bas-Armagnac

*Département du Gers*

Arrondissement de Condom:

Canton de Cazaubon : toutes les communes.
— de Nogaro : toutes les communes.
— d'Eauze : toutes les communes.

Arrondissement de Mirande :

Canton d'Aignan : les communes d'Avéron-Bergelle, Fustérouau, Margouet-Meymes, Sarragachies, Thermes-d'Armagnac.

Canton de Riscle: les communes d'Arblade-le-Bas, Barcelonne-du-Gers, Caumont, Gée-Rivière, Lelin-Lapujolle, Maulichères, Saint-Germé, Tarsac, Vergoignan.

### Département des Landes

Arrondissement de Mont-de-Marsan:

Canton de Gabarret : les communes de Bethezer, Créon, Escalans, Gabarret, Lagrange, Mauvezin, Parleboscq, Saint-Julien-d'Armagnac.

Canton de Grenade : les communes de Castandet, Cazères-sur-l'Adour, Lussagnet, le Vignau.

Canton de Roquefort : les communes d'Arouille, Labastide-d'Armagnac, Saint-Justin.

Canton de Villeneuve-de-Marsan : la commune de Saint-Gein et la partie du canton située à l'est de la route de Bordeaux à Pau.

Arrondissement de Saint-Sever :

Canton d'Aire : la partie de la commune d'Aire située sur la rive droite de l'Adour.

L'appellation spéciale « Bas-Armagnac » est réservée aux Armagnacs provenant des territoires ci-dessus énumérés.

## II. — Région de la Ténarèze

### Département du Gers

Arrondissement de Condom :

Canton de Montréal : toutes les communes.
— de Valence : toutes les communes.
— de Condom : toutes les communes.

Arrondissement d'Auch :

Canton de Vic-Fézensac : toutes les communes.

Arrondissement de Mirande :

Canton d'Aignan : les communes d'Aignan, Bouzon-Gellenave, Castelnavet, Loussous-Débat, Lupiac, Pouydraguin, Sabazan, Saint-Pierre-d'Aubezies.

### *Département du Lot-et-Garonne*

Arrondissement de Nérac :

Canton de Mézin : toutes les communes.
- — de Nérac : les communes d'Andiran, Fréchou, Nérac.
- — de Francescas : les communes de Fieux, Francescas, Lasserre, Moncrabeau.

L'appellation spéciale « Ténarèze » est réservée aux Armagnacs provenant des territoires énumérés au paragraphe II du présent article.

## III. — Région du Haut-Armagnac

### *Département du Gers*

Arrondissement d'Auch :

Canton d'Auch Nord : toutes les communes.
- — d'Auch Sud : toutes les communes.
- — de Jegun : toutes les communes.

Arrondissement de Lectoure :

Canton de Lectoure : toutes les communes.
- — de Fleurance : toutes les communes.

Arrondissement de Mirande :

Canton de Marciac : toutes les communes.
- — de Masseube : toutes les communes.

Canton de Miélan : toutes les communes.

— de Mirande : toutes les communes.

— de Montesquiou : toutes les communes.

— de Plaisance : toutes les communes.

— de Riscle : les communes de Aurensan, Bernède, Corneillan, Labarthète, Lannux, Projan, Riscle, Saint-Mont, Ségos, Verlus, Viella.

### *Département du Lot-et-Garonne*

Arrondissement de Nérac :

Canton de Francescas : les communes de Lamontjoie, Nomdieu, Saint-Vincent-de-Lamontjoie.

Canton de Lavardac : toutes les communes.

— de Nérac : les communes de Calignac, Espiens, Moncaut, Montagnac-sur-Auvignon, Saumont.

Canton de Houeillès : la commune de Durance.

Arrondissement d'Agen :

Canton de Laplume : toutes les communes.

L'appellation spéciale « Haut-Armagnac » est réservée aux Armagnacs provenant des territoires énumérés au paragraphe 3 du présent article.

———————

**DÉCRET du 18 septembre 1909, portant règlement d'administration publique pour la délimitation des territoires dont les vins ont un droit exclusif à la dénomination « Banyuls ».**

ARTICLE PREMIER. — L'appellation régionale « Banyuls » est exclusivement réservée aux vins récoltés et manipulés sur le territoire des communes de Cerbère, Port-Vendres, Banyuls et sur la partie de la commune de Collioure, voisine des précédentes jusqu'au Ravaner.

**DÉCRET du 21 avril 1910, portant règlement d'administration publique pour la délimitation de la région ayant pour ses vins un droit exclusif à la dénomination « Clairette de Die »**

Aux termes d'un décret en date du 21 avril 1910 l'appellation « Clairette de Die » est exclusivement réservée aux vins récoltés et manipulés entièrement sur les territoires ci-après délimités :

*Département de la Drôme*

Arrondissement de Die

Canton de Die : toutes les communes.

Canton de Châtillon-en-Diois : les communes suivantes : Châtillon-en-Diois, Menglon, Saint-Roman.

Canton de Luc-en-Diois : les communes suivantes : Barnave, Jansac, Luc-en-Diois, Montlaur, Poyols, Recoubeau.

Canton de Saillans : les communes suivantes : Aubenasson, Aurel-Espenel, Rimon-et-Savel, Saillans, Saint-Benoist, Saint-Sauveur, Vercheny, Véronne.

Canton de Crest (Sud) : la commune de Piègros-la-Clastre.

Canton de Crest (Nord) : les communes suivantes : Aouste, Beaufort, Cobonne, Mirabel-et-Blacons, Monclar, Suze et la partie de Crest comprise entre la Drôme et la Crête-de-la-Raye à l'Est de la ville.

---

**LOI du 11 juillet 1906, relative à la protection des conserves de sardines, de légumes et de prunes contre la fraude étrangère.**

ARTICLE PREMIER. — Les conserves de sardines, de légumes et les prunes étrangères ne pourront, que sous la désignation de leur pays d'origine, être introduites en France pour la consommation, admises à l'entrepôt, au transit ou à la circulation, exposées, mises en vente ou détenues pour un usage commercial.

L'indication du pays d'origine devra être inscrite, sur chaque récipient contenant les marchandises, par estampage en relief ou en creux, en caractères latins bien apparents d'au moins 4 millimètres, au milieu du couvercle ou du fond et sur une partie ne portant aucune impression.

La même indication devra être inscrite en lettres adhérentes sur les caisses et emballages servant aux expéditions.

Art. 2. — Les boîtes de conserves de sardines étrangères d'un poids supérieur à 1 kilogramme seront prohibées à l'entrée, exclues du transit, de l'entrepôt et de la circulation.

Art. 3. — Seront punis d'une amende de cent francs (100 fr.) à deux mille francs (2.000 fr.) :

1° Ceux qui auront introduit en France, mis en entrepôt ou fait circuler en transit des conserves de sardines, de légumes ou prunes d'origine étrangère, en violation des prescriptions des articles qui précèdent, ou qui, par un procédé quelconque, auront fait disparaître ou dissimulé l'indication de provenance;

2° Ceux qui, sur des récipients contenant des conserves de sardines, de légumes ou prunes étrangères, auront apposé ou fait apparaître, par altération ou substitution, des étiquettes ou mentions de nature à faire passer ces produits pour français ;

3° Ceux qui auront placé des conserves de sardines, de légumes ou prunes d'origine étrangère dans des récipients portant un nom de localité de fabrication française ou des indications tendant à faire croire à l'origine française du produit ;

4° Ceux qui, sciemment, auront vendu, mis en vente ou détenu dans un but commercial ou industriel lesdits produits étrangers, sous le nom ou l'apparence de produits français, ou auront trompé l'acheteur sur la nature et la provenance des marchandises.

La tentative de l'un des délits prévus aux paragraphes 1, 2 et 3 du présent article sera frappée de la même peine.

Art. 4. — En cas de récidive, le tribunal pourra élever au double le maximum de l'amende et prononcer en outre, contre le délinquant, la peine de l'emprisonnement d'un mois à un an.

Il y aura récidive lorsque, dans les cinq années précédentes, le prévenu aura été frappé d'une condamnation pour infraction à la présente loi ou aux lois des 28 juillet 1824, 23 juin 1857 et 11 janvier 1892.

Art. 5. — Les contraventions seront constatées, dans tous les lieux ouverts au public, par les officiers de police judiciaire et tous les agents de la force publique, des contributions indirectes, des octrois, des postes et des douanes, lors de l'importation en France.

Art. 6. — Les actions résultant de la présente loi peuvent être exercées par :

1° Le ministère public, soit sur plainte, soit d'office ;

2° L'ayant droit à un nom de pays, de région ou de localité ;

3° Les syndicats professionnels régulièrement constitués représentant une industrie intéressée à la répression de la fraude ;

4° L'acheteur ou le consommateur lésé par le délit prévu au paragraphe 4 de l'article 3 et en général par tous ceux qui peuvent justifier d'un intérêt né et actuel.

Art. 7. — Les intéressés désignés en l'article précédent peuvent faire procéder à la description détaillée, avec ou sans saisie, des marchandises étrangères introduites en France ou revêtues de marques, étiquettes ou mentions françaises, en contravention aux dispositions de la présente loi, ainsi qu'à la saisie de tous prospectus, circulaires, annonces, papiers de commerce quelconques rédigés de manière à tromper sur la provenance des produits mis en vente.

Pour ces description et saisie, de même que pour l'exercice des actions, ils doivent observer les formes, conditions et délais déterminés par les articles 17 et 18 de la loi du 23 juin 1857 sur les marques de fabrique et de commerce.

Art. 8. — Le tribunal peut ordonner l'affichage du jugement dans les lieux qu'il détermine et son insertion intégrale ou par extraits dans les journaux français ou étrangers qu'il désigne.

Il peut, en outre, ordonner la confiscation des produits frauduleux.

Art. 9. — L'article 463 du Code pénal et la loi du 26 mars 1891 sur l'atténuation des peines seront applicables aux délits prévus par la présente loi.

Art. 10. — La présente loi est applicable à l'Algérie et aux Colonies.

# DESSINS ET MODÈLES

## LOI du 14 juillet 1909, sur les dessins et modèles.

ARTICLE PREMIER. — Tout créateur d'un dessin ou modèle et ses ayants cause ont le droit exclusif d'exploiter, vendre ou faire vendre ce dessin ou modèle, dans les conditions prévues par la présente loi sans préjudice des droits qu'ils tiendraient d'autres dispositions légales et notamment de la loi des 19-24 juillet 1793, modifiée par la loi du 11 mars 1902.

ART. 2. — La présente loi est applicable à tout dessin nouveau, à toute forme plastique nouvelle, à tout objet industriel qui se différencie de ses similaires, soit par une configuration distincte et reconnaissable lui conférant un caractère de nouveauté, soit par un ou plusieurs effets extérieurs lui donnant une physionomie propre et nouvelle.

Mais, si le même objet peut être considéré à la fois comme un dessin ou modèle nouveau et comme une invention brevetable et si les éléments constitutifs de la nouveauté du dessin ou modèle sont inséparables de ceux de l'invention, ledit objet ne peut être protégé que conformément à la loi du 5 juillet 1844.

ART. 3. — Les dessins ou modèles régulièrement déposés jouissent seuls du bénéfice de la présente loi.

La propriété d'un dessin ou modèle appartient à celui qui l'a créé ou à ses ayants droit ; mais le premier déposant dudit dessin ou modèle est présumé, jusqu'à preuve contraire, en être le créateur.

La publicité donnée à un dessin ou modèle, antérieurement à son dépôt, par une mise en vente ou par tout autre moyen, n'entraîne la déchéance ni du droit de propriété ni de la protection spéciale accordée par la présente loi.

ART. 4. — Des décrets spéciaux à certaines industries pourront prescrire les mesures nécessaires pour permettre aux industriels de faire constater leur priorité d'emploi d'un dessin ou modèle, notamment par la tenue de registres privés soumis à l'estampille administrative.

Art. 5. — Le dépôt est effectué sous peine de nullité, au Secrétariat du Conseil des Prud'hommes ou à défaut de Conseil de Prud'hommes, au Greffe du Tribunal de commerce du domicile du déposant.

Lorsque le domicile du déposant est situé hors de France, le dépôt est effectué, sous peine de nullité, au Secrétariat du Conseil des Prud'hommes du Département de la Seine.

La déclaration de chaque dépôt est transcrite sur un registre avec la date, l'heure du dépôt et un numéro d'ordre; un certificat de dépôt reproduisant ces mentions est remis au déposant.

Le dépôt comporte, sous peine de nullité, deux exemplaires identiques d'un spécimen ou d'une représentation de l'objet revendiqué, avec légende explicative, si le déposant le juge nécessaire, le tout contenu dans une boîte hermétiquement fermée et sur laquelle sont apposés le cachet et la signature du déposant, ainsi que le sceau et le visa du Secrétariat ou du Greffe, de telle sorte qu'on ne puisse l'ouvrir sans faire disparaître ces certifications.

Le même dépôt peut comprendre de 1 à 100 dessins ou modèles qui doivent être numérotés du premier au dernier. Les dessins ou modèles non numérotés ou portant des numéros répétés ou au delà de 100 ne seront pas considérés comme valablement déposés au regard de la présente loi.

Art. 6. — La boîte déposée peut rester au Secrétariat ou au Greffe pendant une période de cinq années au maximum ; aussi longtemps qu'elle y est laissée, le dépôt des objets qu'elle renferme demeure secret.

Le déposant ou ses ayants cause peuvent toujours, dès le début comme au cours de la susdite période, requérir la publicité du dépôt, soit à l'égard de tous les objets compris dans la boîte, soit seulement à l'égard de l'un ou de plusieurs d'entre eux.

Le déposant ou ses ayants droit, lorsqu'ils veulent opposer le dépôt aux tiers, doivent requérir l'ouverture de la boîte scellée, en faire extraire l'objet ou les objets au sujet desquels ils entendent engager une instance judiciaire et demander la publicité du dépôt au regard desdits objets.

Lorsque la publicité du dépôt d'un dessin ou modèle est requise par le déposant ou ses ayants cause, la boîte déposée est adressée à l'Office national qui procède à l'ouverture de ladite boîte, prélève les deux exemplaires du dessin ou modèle, constate l'identité de ces deux exemplaires, fait reproduire par un procédé photographique l'un d'eux qui sera destiné à être communiqué aux tribunaux, s'il y a lieu, tandis que l'autre exemplaire demeurera à l'office où il sera communiqué dans les conditions déterminées par le règlement prévu à l'article 15 ci-après.

Les autres objets contenus dans la boîte et pour lesquels la publicité n'est pas requise sont remis sous scellés fermés avec certification à l'appui.

Une épreuve de la reproduction du dessin ou modèle rendu public, avec copie de la légende et les explications nécessaires pour compléter ladite reproduction, est mise à la disposition du public à l'Office national.

Des épreuves, portant également copie des mentions explicatives et de la déclaration du dépôt, seront délivrées, moyennant une taxe, au déposant qui en fera la demande ou à ses ayants cause, ainsi qu'à toute partie engagée dans une contestation judiciaire relative au dessin ou modèle.

ART. 7. — La durée totale de la protection, accordée par la présente loi au dessin ou modèle déposé, est, sous la réserve et les conditions ci-après indiquées, de cinquante ans à partir de la date du dépôt.

A l'expiration de la période des cinq premières années, pendant laquelle le dépôt peut rester au Secrétariat ou au Greffe, la boîte, renfermant sous scellés les objets pour le dépôt desquels la publicité n'a pas été requise avant ce terme, est restituée au déposant sur sa demande.

S'il veut maintenir son dépôt, soit au regard de tous les objets contenus dans la boîte, soit seulement au regard de l'un ou de plusieurs d'entre eux, le déposant doit, avant l'expiration des susdites cinq années, requérir le maintien de ce dépôt, soit avec la publicité prévue à l'alinéa 4 de l'article 6, soit sous la forme secrète, pour chacun desdits objets.

La boîte scellée est adressée à l'Office national qui procède à son ouverture et en extrait les objets pour lesquels le maintien du dépôt a été demandé ; il donne à chacun de ceux pour lesquels elle a été requise la publicité prévue aux alinéas 4 et 6 de l'article 6, met sous une enveloppe fermée et scellée avec certification à l'appui les deux exemplaires de chacun de ceux pour lesquels le maintien du secret a été requis et laisse les autres objets dans la boîte à nouveau close et scellée comme il est prescrit à l'alinéa 5 de l'article 6, en prévision de la restitution qui peut être réclamée en vertu de l'alinéa 2 du présent article.

Le dépôt ainsi maintenu à l'Office national, soit avec publicité, soit à couvert, prend fin vingt-cinq ans après la date de son enregistrement au Secrétariat ou au Greffe si, avant l'expiration dudit délai, le déposant n'en a pas demandé la prorogation pour une nouvelle période de vingt-cinq ans.

Au début de cette nouvelle période, le dépôt conservé, sous la forme secrète, à l'Office national, reçoit, par les soins de celui-ci, la publicité prévue aux alinéas 4 et 6 de l'article 6 si elle ne lui a pas déjà été demandée au cours de la seconde période.

Art. 8. — Au moment où les dépôts s'effectuent, il est versé au Secrétariat du Conseil ou au Greffe du Tribunal une indemnité de 3 fr. 95 par dépôt, plus 5 centimes par objet déposé. Sont compris dans la susdite indemnité l'allocation prévue par l'article 58 de la loi du 29 mars 1907 et les frais de timbre.

Lorsque, soit au cours, soit à la fin de la première période, la publicité du dépôt est requise, il est payé une taxe de 30 francs par chacun des objets qui, sur la demande du déposant, sont extraits de la boîte scellée et conservés avec publicité par l'Office national, conformément aux dispositions de l'alinéa 4 de l'article 6 ; la taxe est de 5 francs par chacun des objets que l'Office, sur la demande du déposant, garde en dépôt sous la forme secrète.

La prorogation d'un dépôt, à l'expiration des vingt-cinq premières années, est subordonnée au paiement d'une nouvelle taxe dont le montant est de 50 francs par chacun des objets qui demeurent protégés si le dépôt a été rendu public et de 75 francs s'il est resté jusqu'alors secret.

Art. 9. — Lorsque la publicité d'un dépôt ou que son maintien avec ou sans publicité n'ont pas été demandés avant le terme prescrit de cinq années et que, à l'expiration de ce délai, la boîte scellée n'a pas été réclamée, les scellés sont ouverts et les objets renfermés dans la boîte sont transmis aux établissements qui auront été désignés, à cet effet, par décret.

Sont également remis auxdits établissements: après vingt-cinq ans, les objets pour lesquels aucune prorogation de dépôt n'a été requise ; après cinquante ans, ceux dont le dépôt a été prorogé.

Les objets que les établissements sus-indiqués auront jugés dignes d'être conservés seront exposés ou communiqués au public ; sur chacun d'eux seront mentionnés les nom, prénoms, qualité et domicile du déposant ainsi que la date du dépôt. Des inscriptions signaleront au public que ces renseignements sont donnés aux intéressés pour les inviter et les aider à rechercher si le droit exclusif de reproduire ceux de ces objets qui constituent des dessins ou des sculptures, au sens purement technique de ces mots, est encore garanti par la loi du 19-24 juillet 1793, modifiée par la loi du 11 mars 1902.

Art. 10. — Toute atteinte portée sciemment aux droits garantis par la présente loi est punie d'une amende de 25 à 2.000 francs.

Dans les cas de récidive, ou si le délinquant est une personne ayant travaillé pour la partie lésée, il est prononcé, en outre, un emprisonnement d'un mois à six mois.

Il y a récidive lorsqu'il a été prononcé contre le prévenu dans les cinq années antérieures une première condamnation pour un des délits prévus par la présente loi.

Les coupables peuvent, en outre, être privés pendant un temps qui n'excédera pas cinq années, du droit d'élection et d'éligibilité pour les Tribunaux et Chambres de Commerce, ainsi que pour les Conseils de Prud'hommes.

Art. 11. — Les faits antérieurs au dépôt ne donnent ouverture à aucune action dérivant de la présente loi.

Les faits postérieurs au dépôt, mais antérieurs à sa publicité ne peuvent donner lieu, en vertu du précédent article, à une action, même au civil, qu'à la charge par la partie lésée d'établir la mauvaise foi de l'inculpé.

Aucune action, pénale ou civile, ne peut être intentée, en vertu du même article, avant que le dépôt n'ait été rendu public.

Lorsque les faits sont postérieurs à la publicité du dépôt, leurs auteurs peuvent exciper de leur bonne foi, mais à la condition d'en rapporter la preuve.

La confiscation, au profit de la partie lésée, des objets portant atteinte aux droits garantis par la présente loi est prononcée, même au cas d'acquittement.

Le tribunal, en cas de condamnation, peut en outre prononcer la confiscation des instruments ayant servi spécialement à la fabrication des objets incriminés.

Art. 12. — La partie lésée peut, même avant la publicité du dépôt, faire procéder par tous huissiers, à la description détaillée, avec ou sans saisie, des objets ou instruments incriminés, en vertu d'une ordonnance rendue par le Président du Tribunal civil dans le ressort duquel les opérations devront être effectuées, sur simple requête, production du certificat de dépôt et récépissé des taxes prévues à l'article 8.

Le président a la faculté d'autoriser le requérant à se faire assister d'un officier de police ou du juge de paix du canton et d'imposer au requérant un cautionnement que celui-ci est tenu de consigner avant de faire procéder à l'opération : ce cautionnement est toujours imposé à l'étranger qui requiert la saisie.

Copie est laissée aux détenteurs des objets décrits tant de l'ordonnance que de l'acte constatant le dépôt du cautionnement, le tout à peine de nullité et de dommages-intérêts contre l'huissier.

A défaut par le requérant de s'être pourvu, soit par la voie civile, soit par la voie correctionnelle, dans le délai de quinzaine, outre un jour par cinq myriamètres de distance entre le lieu ou se trouvent les objets décrits ou saisis et le domicile de la partie à poursuivre, la description ou saisie est nulle de plein droit, sans préjudice des dommages-intérêts.

ART. 13. — Le bénéfice de la présente loi s'applique aux dessins et modèles dont les auteurs ou leurs ayants cause sont Français ou domiciliés en France, ou ont en France des établissements industriels ou commerciaux, ou sont, par leur nationalité, leur domicile ou leurs établissements industriels ou commerciaux, ressortissant d'un État qui assure la réciprocité, par sa législation intérieure ou ses conventions diplomatiques, pour les dessins et modèles français.

ART. 14. — La présente loi entrera en vigueur six mois après sa promulgation.

A dater de cette époque, les dépôts antérieurs qui seraient encore valables d'après la législation précédente seront soumis aux dispositions de la présente loi ; les dépôts à perpétuité cesseront d'être valables cinquante ans après sa mise en vigueur ; les dépôts faits pour cinq ans au moins pourront être renouvelés, dans les conditions prévues par la présente loi, avant l'expiration du délai pour lequel ils ont été effectués.

Les déposants ou leurs ayants cause auront la faculté de réclamer soit la restitution, soit l'ouverture et la publicité de leurs dépôts antérieurs, dans les conditions prévues aux alinéas 2 et 3 de l'article 7, avec faculté de faire établir un duplicata du dépôt.

ART. 15. — Un règlement d'administration publique fixera la matière, les dimensions, le poids, le mode de fermeture de la boîte à déposer, la formule de la déclaration, les conditions d'ouverture et de publicité du dépôt, les conditions dans lesquelles se feront la restitution au déposant après la première période, la communication de l'exemplaire destiné aux tribunaux et sa réintégration à l'Office national, la taxe afférente aux mesures transitoires prévues par l'alinéa 3 de l'article 14 et toutes autres dispositions nécessaires pour l'exécution de la présente loi.

Les taxes prévues par la présente loi, à l'exception de l'indemnité visée par le paragraphe premier de l'article 8, seront perçues par le Conservatoire national des Arts et Métiers, pour le service de l'Office national de la Propriété industrielle.

ART. 16. — Des règlements d'administration publique détermineront les conditions dans lesquelles la présente loi sera applicable à l'Algérie et aux Colonies.

ART. 17. — Sont abrogés les articles 15 et 19 de la loi du 18 mars 1806 et toutes autres dispositions contraires à la présente loi relatives aux dessins et modèles de fabrique.

---

LOI des 19-24 juillet 1793, relative aux droits de propriété des auteurs, compositeurs de musique, peintres et dessinateurs, modifiée par la loi du 11 mars 1902 (¹).

ARTICLE PREMIER.— Les auteurs d'écrits en tout genre, les compositeurs de musique, *les architectes, les statuaires*, les peintres et dessinateurs qui feront graver des tableaux ou dessins, jouiront durant leur vie entière du droit exclusif de vendre, faire vendre, distribuer leurs ouvrages dans le territoire de la République et d'en céder la propriété en tout ou en partie (loi du 11 mars 1902).

*Le même droit appartiendra aux sculpteurs et dessinateurs d'ornement, quels que soient le mérite et la destination de l'œuvre (loi du 11 mars 1902).*

ART. 2. — Leurs héritiers ou cessionnaires jouiront du même droit durant l'espace de dix ans après la mort des auteurs.

---

(1) Voir également lois des 16 mai 1866, 14 juillet 1866 et 29 juillet 1881 (art. 3).

ART. 3. — Les officiers de paix seront tenus de faire confisquer, à la réquisition ou au profit des auteurs, compositeurs, peintres ou dessinateurs et autres, leurs héritiers ou cessionnaires, tous les exemplaires des éditions imprimées ou gravées sans la permission formelle et par écrit des auteurs (loi 25 prairial an III).

ART. 4. — Tout contrefacteur sera tenu de payer au véritable propriétaire une somme équivalente au prix de 3.000 exemplaires de l'édition originale.

ART. 5. — Tout débitant d'édition contrefaite, s'il n'est pas reconnu contrefacteur, sera tenu de payer au véritable propriétaire une somme équivalente au prix de 500 exemplaires de l'édition originale.

ART. 6. — Tout citoyen qui mettra au jour un ouvrage, soit de littérature ou de gravure, dans quelque genre que ce soit, sera obligé d'en déposer deux exemplaires à la Bibliothèque Nationale ou au Cabinet des estampes de la République, dont il recevra un reçu signé par le bibliothécaire ; faute de quoi il ne pourra être admis en justice pour la poursuite des contrefacteurs.

ART. 7. — Les héritiers de l'auteur d'un ouvrage de littérature ou de gravure, ou de toute autre production de l'esprit ou du génie qui appartiennent aux beaux-arts, en auront la propriété exclusive pendant dix années.

---

## CODE PÉNAL

ART. 425. — Toute édition d'écrits, de composition musicale, de dessin, de peinture ou de toute autre production, imprimée ou gravée en partie ou en entier, au mépris des lois et règlements relatifs à la propriété des auteurs, est une contrefaçon, et toute contrefaçon est un délit.

ART. 426. — Le délit d'ouvrages contrefaits, l'introduction sur le territoire français d'ouvrages qui, après avoir été imprimés en France, ont été contrefaits chez l'étranger, sont un délit de la même espèce.

ART. 427. — La peine contre le contrefacteur ou contre l'introducteur sera une amende de 100 francs au moins et de 2.000 francs au plus ; et contre le débitant, une amende de 25 francs au moins et de 500 francs au plus. La confiscation de l'édition contrefaite sera prononcée tant contre le contrefacteur que contre l'introducteur ou le débitant. Les planches, moules ou matières des objets contrefaits seront aussi confisqués.

ART. 429. — Dans les cas prévus par les quatre articles précédents, le produit des confiscations, ou les recettes confisquées, seront remis au propriétaire pour l'indemniser d'autant du préjudice qu'il aura souffert; le surplus de son indemnité ou l'entière indemnité, s'il n'y a eu ni vente d'objets confisqués, ni saisie des recettes, sera réglé par les voies ordinaires.

---

### DÉCRET du 19 mai 1909 rendant applicable en Indo-Chine la législation métropolitaine sur la Propriété industrielle.

ARTICLE PREMIER. — Sont rendus applicables en Indo-Chine : la loi du 28 juillet 1824, relative aux altérations et suppositions de noms sur les produits fabriqués, les lois des 23 juin 1857 et 3 mai 1890 sur les marques de fabrique et de commerce ainsi que le décret du 27 février 1891, portant règlement d'administration publique pour l'exécution desdites lois ; la loi du 11 mars 1902 qui étend aux œuvres de sculpture l'application de la loi des 19-24 juillet 1793 sur la propriété artistique et littéraire.

# CONCURRENCE DÉLOYALE [1]

## CODE CIVIL

ART. 1382. — Tout fait quelconque de l'homme qui cause à autrui un dommage, oblige celui par la faute duquel il est arrivé à le réparer.

ART. 1383. — Chacun est responsable du dommage qu'il a causé non seulement par son fait, mais encore par sa négligence ou par son imprudence.

ART. 1384. — On est responsable non seulement des dommages que l'on cause par son propre fait, mais encore de celui qui est causé par le fait des personnes dont on doit répondre ou des choses que l'on a sous sa garde ;

. . . . . . . . . . . . . . . . . . . . . . . . . . . . .

Les maîtres et commettants sont responsables du dommage causé par leurs domestiques et préposés dans les fonctions auxquelles ils les ont employés.

---

(1) Voir également page 127. Loi du 30 avril 1886 relative à l'usurpation des médailles et récompenses industrielles.

# SECRET DE FABRIQUE

---

## CODE PÉNAL

Art. 418. — Tout directeur, commis, ouvrier de fabrique qui aura communiqué ou tenté de communiquer à des étrangers ou à des français résidant en pays étranger des secrets de la fabrique où il sera employé sera puni d'un emprisonnement de deux à cinq ans et d'une amende de 500 à 20.000 francs.

Il pourra, en outre, être privé des droits mentionnés en l'article 42 du présent code pendant cinq ans au moins et dix ans au plus, à compter du jour où il aura subi sa peine. Il pourra aussi être mis sous la surveillance de la haute police pendant le même nombre d'années.

Si ces secrets ont été communiqués à des Français résidant en France, la peine sera d'un emprisonnement de trois mois à deux ans et d'une amende de 16 francs à 200 francs.

Le maximum de la peine prononcée par les paragraphes 1 et 3 du présent article sera nécessairement appliqué s'il s'agit de secrets de fabrique d'armes et munitions de guerre appartenant à l'État.

---

# EXPOSITIONS

**LOI du 13 avril 1908, relative à la protection temporaire de la Propriété industrielle dans les expositions internationales étrangères officiellement reconnues, et dans les expositions organisées en France ou dans les Colonies avec l'autorisation de l'Administration ou avec son patronage.**

ARTICLE PREMIER. — Une protection temporaire est accordée aux inventions brevetables, aux dessins et modèles industriels, ainsi qu'aux marques de fabrique ou de commerce pour les produits qui seront régulièrement admis aux expositions étrangères internationales, officielles ou officiellement reconnues.

Cette protection, dont la durée est fixée à douze mois à dater de l'ouverture officielle de l'exposition, aura pour effet de conserver aux exposants ou à leurs ayants cause, sous les conditions ci-après, le droit de réclamer, pendant ce délai, la protection dont leurs découvertes, dessins, modèles ou marques seraient légalement susceptibles.

La durée de la protection temporaire ne sera augmentée ni des délais de priorité prévus par l'article 4 de la convention internationale du 20 mars 1883, modifiée par l'acte additionnel de Bruxelles du 14 décembre 1900, ni de ceux fixés par l'article 11 de la loi du 5 juillet 1844, modifiée par celle du 7 avril 1902.

ART. 2. — Les exposants qui voudront jouir de la protection temporaire devront se faire délivrer, par l'autorité chargée de représenter officiellement la France à l'exposition, un certificat de garantie qui constatera que l'objet pour lequel la protection est demandée est réellement exposé.

La demande dudit certificat devra être faite au cours de l'exposition et au plus tard dans les trois premiers mois de l'ouverture officielle de l'exposition ; elle sera accompagnée d'une description exacte de l'objet à garantir et, s'il y a lieu, de dessins dudit objet.

Les demandes seront inscrites sur un registre spécial qui sera transmis avec lesdites demandes et les pièces jointes au Ministère du Commerce et de l'Industrie aussitôt après la clôture officielle de l'exposition et communiquées sans frais à toute réquisition par les soins de l'Office national de la Propriété industrielle.

Art. 3. — Un décret déterminera à l'occasion de chaque exposition, présentant les caractères visés à l'article premier, les mesures nécessaires pour l'application de la présente loi.

Art. 4. — La même protection est accordée aux inventions brevetables, aux dessins et modèles, ainsi qu'aux marques de fabrique ou de commerce pour les produits qui seront régulièrement admis aux expositions organisées, en France ou dans les Colonies, avec l'autorisation de l'administration ou avec son patronage.

Un décret déterminera les mesures nécessaires pour l'application du présent article.

Est abrogée la loi du 23 mai 1868.

--------

## DÉCRET du 17 juillet 1908 relatif à la protection temporaire de la Propriété industrielle dans les expositions organisées en France avec l'autorisation de l'administration ou avec son patronage.

Article premier. —Tout exposant ou ses ayants droit qui voudront bénéficier de la protection temporaire accordée par la loi du 13 avril 1908, aux inventions brevetables, aux dessins et modèles industriels et aux marques de fabrique ou de commerce pour les produits qui seront régulièrement admis aux expositions organisées en France avec l'autorisation de l'administration ou avec son patronage, devront se faire délivrer par le Préfet si l'exposition a lieu dans l'arrondissement chef-lieu, ou par le Sous-Préfet si l'exposition a lieu dans les autres arrondissements, un certificat de garantie.

Art. 2. — La demande du certificat de garantie devra être faite au cours de l'exposition et, au plus tard, dans les trois mois de l'ouverture officielle de l'exposition, si sa durée excède ce délai ; elle sera accompagnée : 1° d'une description exacte en langue française des objets à garantir et, s'il y a lieu, de dessins desdits objets. Les descriptions et dessins doivent être établis par les soins des exposants ou de leurs mandataires qui certifieront, sous leur responsabilité, la conformité des objets décrits ou reproduits avec ceux qui sont exposés ;

2° D'une attestation descriptive signée du commissaire de l'exposition ou de l'autorité chargée de délivrer le certificat d'admission, constatant que les objets pour lesquels la protection temporaire est requise sont réellement et régulièrement exposés.

La délivrance du certificat est gratuite.

ART. 3. — Le certificat de garantie assure aux exposants ou à leurs ayants cause, à l'exception du droit de poursuite et sous les réserves insérées à l'article premier, paragraphe 2 de la loi du 13 avril 1908, pendant une durée de douze mois à dater de l'ouverture officielle de l'exposition, les mêmes droits que leur conférerait le dépôt légal d'une demande de brevet d'invention, d'un dessin ou modèle de fabrique ou d'une marque de fabrique ou de commerce, sans préjudice du brevet qu'ils peuvent prendre ou du dépôt qu'ils peuvent opérer avant l'expiration du délai précité.

ART. 4. — Les demandes, ainsi que les décisions prises par le Préfet et le Sous-Préfet, sont inscrites sur un registre spécial qui doit être transmis immédiatement après la clôture de l'exposition au Ministère du Commerce et de l'Industrie, pour être communiqué sans frais par les soins de l'Office national de la Propriété industrielle, à toute réquisition.

----

**DÉCRET** du 30 décembre 1908 fixant le lieu de dépôt des demandes de certificats de garantie pour les produits admis aux expositions organisées dans le département de la Seine avec l'autorisation de l'Administration ou avec son patronage.

ARTICLE PREMIER. — A partir du 1ᵉʳ janvier 1909, le dépôt des demandes des certificats de garantie pour les produits régulièrement admis aux expositions organisées dans le département de la Seine, avec l'autorisation de l'administration ou avec son patronage, aura lieu à l'Office national de la Propriété industrielle qui est chargé de délivrer ces certificats dans les conditions fixées par le décret du 17 juillet 1908.

---

## LOI du 30 avril 1886 relative à l'usurpation des médailles et récompenses industrielles.

ARTICLE PREMIER. — L'usage de médailles, diplômes, mentions, récompenses ou distinctions honorifiques quelconques décernés dans des expositions ou concours, soit en France, soit à l'étranger, n'est permis qu'à ceux qui les ont obtenus personnellement et à la maison de commerce en considération de laquelle ils ont été décernés.

Celui qui s'en sert doit faire connaître leur date et leur nature, l'exposition ou le concours où ils ont été obtenus et l'objet récompensé.

ART. 2. — Seront punis d'une amende de 50 à 6.000 fr. et d'un emprisonnement de trois mois à deux ans, ou de l'une de ces deux peines seulement : 1º ceux qui, sans droit et frauduleusement, se sont attribué publiquement les récompenses ou distinctions mentionnées à l'article précédent ; 2º ceux qui, dans les mêmes conditions, les auront appliquées à d'autres objets que ceux pour lesquels elles avaient été obtenues ou qui s'en seront attribué d'imaginaires ; 3º ceux qui les auront indiquées mensongèrement sur leurs enseignes, annonces, prospectus, factures, lettres ou papiers de commerce ; 4º ceux qui s'en seront indûment prévalus auprès des jurys des expositions ou concours.

ART. 3. — Seront punis des mêmes peines ceux qui, sans droit et frauduleusement, se seront prévalus publiquement de récompenses, distinctions ou approbations accordées par des corps savants ou des sociétés scientifiques.

ART. 4. — L'omission des indications énumérées dans le second paragraphe de l'article premier sera punie d'une amende de 25 à 3.000 francs.

Art. 5. — Les Tribunaux pourront prononcer la destruction ou la confiscation, au profit des parties lésées, des objets sur lesquels les fausses indications auront été appliquées.

Ils pourront prononcer l'affichage et l'insertion de leurs jugements.

Art. 6. — L'article 463 du Code pénal est applicable aux délits prévus et punis par la présente loi.

Art. 7. — La présente loi est applicable à l'Algérie et aux Colonies.

# VENTE ET NANTISSEMENT DES FONDS DE COMMERCE

---

**LOI du 17 mars 1909 relative à la vente et au nantissement des fonds de commerce.**

## CHAPITRE PREMIER

### DE LA VENTE DES FONDS DE COMMERCE

ARTICLE PREMIER. — Le privilège du vendeur d'un fonds de commerce n'a lieu que si la vente a été constatée par un acte authentique ou sous seing privé, dûment enregistré, et que s'il a été inscrit sur un registre public tenu au Greffe du Tribunal de Commerce dans le ressort duquel le fonds est exploité.

Il ne porte que sur les éléments du fonds énumérés dans la vente et dans l'inscription, et à défaut de désignation précise, que sur l'enseigne et le nom commercial, le droit au bail, la clientèle et l'achalandage.

Des prix distincts sont établis pour les *éléments incorporels du fonds*, le matériel et les marchandises.

Le privilège du vendeur qui garantit chacun de ces prix, ou ce qui en reste dû, s'exerce distinctement sur les prix respectifs de la revente afférents aux marchandises, au matériel et *aux éléments incorporels du fonds.*

Nonobstant toute convention contraire, les paiements partiels autres que les paiements comptant s'imputent sur le prix des marchandises, ensuite sur le prix du matériel.

Il y a lieu à ventilation du prix de revente mis en distribution, s'il s'applique à un ou plusieurs éléments non compris dans la première vente.

**Art. 2.** — L'inscription doit être prise, à peine de nullité, dans la quinzaine de la date de l'acte de vente. Elle prime toute inscription prise dans le même délai du chef de l'acquéreur ; elle est opposable à la faillite et à la liquidation judiciaire de l'acquéreur, ainsi qu'à sa succession bénéficiaire.

L'action résolutoire, établie par l'article 1654 du Code civil, doit, pour produire effet, être mentionnée et réservée expressément dans l'inscription. Elle ne peut être exercée au préjudice des tiers après l'extinction du privilège. Elle est limitée, comme le privilège, aux seuls éléments qui ont fait partie de la vente.

En cas de résolution judiciaire ou amiable de la vente, le vendeur est tenu de reprendre tous les éléments du fonds qui ont fait partie de la vente, même ceux pour lesquels son privilège et l'action résolutoire sont éteints ; il est comptable du prix des marchandises et du matériel existant au moment de sa reprise de possession d'après l'estimation qui en sera faite par expertise contradictoire, amiable ou judiciaire, sous la déduction de ce qui pourra lui rester dû par privilège sur les prix respectifs des marchandises et du matériel, le surplus, s'il y en a, devant rester le gage des créanciers inscrits et, à défaut, des créanciers chirographaires.

Le vendeur qui exerce l'action résolutoire doit la notifier aux créanciers inscrits sur le fonds au domicile par eux élu dans leurs inscriptions. Le jugement ne peut intervenir qu'après un mois écoulé depuis la notification.

Le vendeur, qui a stipulé lors de la vente que, faute de paiement dans le terme convenu, la vente serait résolue de plein droit, ou qui en a obtenu de l'acquéreur la résolution à l'amiable, doit notifier aux créanciers inscrits, aux domiciles élus, la résolution encourue ou consentie qui ne deviendra définitive qu'un mois après la notification ainsi faite.

Lorsque la vente d'un fonds est poursuivie aux enchères publiques, soit à la requête d'un syndic de faillite, de tous liquidateurs ou administrateurs judiciaires, soit judiciairement à la requête de tout autre ayant droit, le poursuivant doit la notifier aux précédents vendeurs, au domicile élu dans leurs inscriptions, avec déclaration que, faute par eux d'intenter l'action résolutoire dans le mois de la notification, ils seront déchus, à l'égard de l'adjudicataire, du droit de l'exercer.

L'article 550 du Code de commerce n'est applicable ni au privilège ni à l'action résolutoire du vendeur d'un fonds de commerce.

ART. 3. — Toute vente ou cession de fonds de commerce, consentie même sous condition ou sous la forme d'un autre contrat, ainsi que toute mise en société ou toute attribution de fonds de commerce par partage ou licitation, sera, dans la quinzaine de sa date, publiée à la diligence de l'acquéreur, sous forme d'extrait ou d'avis, dans un journal d'annonces légales du ressort du Tribunal de Commerce où se trouve le fonds, ou, à défaut, dans un journal d'annonces légales de l'arrondissement.

L'extrait ou avis contiendra la date de l'acte, les noms, prénoms et domiciles de l'ancien et du nouveau propriétaire, la nature et le siège du fonds, l'indication du délai ci-après fixé pour les oppositions et une élection de domicile dans le ressort du Tribunal.

La publication sera renouvelée du huitième au quinzième jour après la première insertion.

Dans dix jours au plus tard après la seconde insertion, tout créancier du précédent propriétaire, que sa créance soit ou non exigible, pourra former au domicile élu, par simple acte extrajudiciable, opposition au paiement du prix ; l'opposition énoncera le chiffre et les causes de la créance, à peine de nullité. Aucun transport amiable ou judiciaire du prix, ou de partie de prix, ne sera opposable aux créanciers qui se seront ainsi fait connaître dans ce délai.

L'acquéreur qui, sans avoir fait les publications ou avant l'expiration du délai de dix jours, aura payé son vendeur, ne sera pas libéré à l'égard des tiers.

ART. 4. — Si la vente ou cession d'un fonds de commerce comprend des succursales situées dans la France continentale, en Algérie ou dans les Colonies, l'inscription et la publication prescrites par les articles 2 et 3 doivent être faites également dans chacun des ressorts où ces succursales ont leur siège. Le délai, qui est de quinzaine dans la France continentale, est d'un mois en Corse et en Algérie, de trois mois dans les Colonies.

La publication contiendra élection de domicile dans le ressort du Tribunal de la situation de l'établissement principal et dans le ressort où se trouve la succursale, si celle-ci forme l'objet unique de la cession.

ART. 5. — Pendant les vingt jours qui suivent la seconde insertion, une expédition ou l'un des originaux de l'acte de vente est tenu, au domicile élu, à la disposition de tout créancier opposant ou inscrit pour être consulté sans déplacement.

Pendant le même délai, tout créancier inscrit ou qui a formé opposition dans le délai de dix jours fixé par l'article précédent, peut prendre, au domicile élu, communication de l'acte de vente et des oppositions et, si le prix ne suffit pas à désintéresser les créanciers inscrits et ceux qui se sont révélés par des oppositions au plus tard dans les dix jours qui suivent la seconde insertion, former, en se conformant aux prescriptions de l'article 23 ci-après, une surenchère du sixième du prix principal du fonds de commerce non compris le matériel et les marchandises.

La surenchère du sixième n'est pas admise après la vente judiciaire d'un fonds de commerce ou la vente poursuivie à la requête d'un syndic de faillite, de liquidateurs et d'administrateurs judiciaires, ou de copropriétaires indivis du fonds, faite aux enchères publiques et conformément à l'article 17 de la présente loi.

L'officier public commis pour procéder à la vente devra n'admettre à enchérir que des personnes dont la solvabilité lui sera connue, ou qui auront déposé soit entre ses mains, soit à la caisse des dépôts et consignations, avec affectation spéciale au paiement du prix, une somme qui ne pourra être inférieure à la moitié du prix total de la première vente, ni à la portion du prix de ladite vente stipulée payable comptant, augmentée de la surenchère.

L'adjudication sur surenchère du sixième aura lieu aux mêmes conditions et délais que la vente sur laquelle la surenchère est intervenue.

Si l'acquéreur surenchéri est dépossédé par suite de la surenchère, il devra, sous sa responsabilité, remettre les oppositions formées entre ses mains à l'adjudicataire sur récépissé, dans la huitaine de l'adjudication, s'il ne les a pas fait connaître antérieurement par mention insérée au cahier des charges ; l'effet de ces oppositions sera reporté sur le prix de l'adjudication.

ART. 6. — Lorsque le prix de la vente est définitivement fixé, qu'il y ait eu ou non surenchère, l'acquéreur, à défaut d'entente entre les créanciers pour la distribution amiable de son prix, est tenu, sur la sommation de tout créancier, et dans la quinzaine suivante, de consigner la portion exigible du prix, et le surplus au fur et à mesure de l'exigibilité, à la charge de toutes les oppositions faites entre ses mains ainsi que des inscriptions grevant le fonds et des cessions qui lui ont été notifiées.

ART. 7. — Dans la quinzaine de la publication de l'acte de société contenant apport d'un fonds de commerce, tout créancier non inscrit de l'associé qui a fait l'apport fera connaître au Greffe du Tribunal de Commerce où le dépôt de l'acte a eu lieu, sa qualité de créancier et la somme qui lui est due. Il lui sera délivré par le Greffier un récépissé de sa déclaration.

Si le fonds est apporté dans une société déjà formée, les créanciers non inscrits de l'associé auquel le fonds appartenait feront la déclaration au Greffe du Tribunal de Commerce de la situation du fonds, dans la quinzaine de la publication de conformité de l'article 3 ci-dessus.

A défaut par les coassociés, ou l'un d'eux, de former dans la quinzaine suivante une demande en annulation de la société ou de l'apport, ou si l'annulation n'en est pas prononcée, la société est tenue solidairement avec le débiteur principal au paiement du passif déclaré dans le délai ci-dessus et justifié.

## CHAPITRE II

### DU NANTISSEMENT DES FONDS DE COMMERCE

ART. 8. — Les fonds de commerce peuvent faire l'objet de nantissements, sans autres conditions et formalités que celles prescrites par la présente loi.

Le nantissement d'un fonds de commerce ne donné pas au créancier gagiste le droit de se faire attribuer le fonds en payement et jusqu'à due concurrence.

ART. 9. — Sont seuls susceptibles d'être compris dans le nantissement soumis aux dispositions de la présente loi comme faisant partie d'un fonds de commerce : l'enseigne et le nom commercial, le droit au bail, la clientèle et l'achalandage, le mobilier commercial, le matériel ou l'outillage servant à l'exploitation du fonds, *les brevets d'invention, les licences, les marques de fabrique et de commerce, les dessins et modèles industriels et généralement les droits de Propriété industrielle, littéraire ou artistique qui y sont attachés.*

*Le certificat d'addition postérieur au nantissement qui comprend le brevet auquel il s'applique suivra le sort de ce brevet et fera partie, comme lui, du gage constitué.*

A défaut de désignation expresse et précise dans l'acte qui le constitue, le nantissement ne comprend que l'enseigne et le nom commercial, le droit au bail, la clientèle et l'achalandage.

Si le nantissement porte sur un fonds de commerce et ses succursales, celles-ci doivent être désignées par l'indication précise de leur siège.

Art. 10. — Le contrat de nantissement est constaté par un acte authentique ou par un acte sous seing privé, dûment enregistré.

Le privilège résultant du contrat de nantissement s'établit par le seul fait de l'inscription sur un registre public tenu au Greffe du Tribunal de commerce dans le ressort duquel le fonds est exploité.

La même formalité devra être remplie au Greffe du Tribunal de commerce dans le ressort duquel est située chacune des succursales du fonds comprise dans le nantissement.

Art. 11. — L'inscription doit être prise, à peine de nullité du nantissement, dans la quinzaine de la date de l'acte constitutif.

En cas de faillite ou de liquidation judiciaire, les articles 446, 447 et 448, paragraphe premier, du Code de commerce, sont applicables aux nantissements de fonds de commerce.

Art. 12. — Le rang des créanciers gagistes entre eux est déterminé par la date de leurs inscriptions. Les créanciers inscrits le même jour viennent en concurrence.

## CHAPITRE III

### DISPOSITIONS COMMUNES A LA VENTE ET AU NANTISSEMENT
### DES FONDS DE COMMERCE

#### Section première. — *De la réalisation du gage et de la purge des créances inscrites*

Art. 13. — En cas de déplacement du fonds de commerce, les créances inscrites deviendront de plein droit exigibles si le propriétaire du fonds n'a pas fait connaître aux créanciers inscrits, quinze jours au moins d'avance, son intention de déplacer le fonds et le nouveau siège qu'il entend lui donner.

Dans la quinzaine de l'avis à eux notifié ou dans la quinzaine du jour où ils auront eu connaissance du déplacement, le vendeur ou le créancier gagiste doivent faire mentionner, en marge de l'inscription existante, le nouveau siège du fonds, et si le fonds a été transféré dans un autre ressort, faire reporter à sa date l'inscription primitive avec l'indication du nouveau siège, sur le registre du Tribunal de ce ressort.

Le déplacement du fonds de commerce, sans le consentement du vendeur ou des créanciers gagistes, peut, s'il en résulte une dépréciation du fonds, rendre leurs créances exigibles.

L'inscription d'un nantissement peut également rendre exigible les créances antérieures ayant pour cause l'exploitation du fonds.

Les demandes en déchéance du terme formées en vertu des deux paragraphes précédents devant le Tribunal de Commerce sont soumises aux règles de procédure édictées par le paragraphe 8 de l'article 15 ci-après.

ART. 14. — Le propriétaire qui poursuit la résiliation du bail de l'immeuble dans lequel s'exploite un fonds de commerce grevé d'inscriptions doit notifier sa demande aux créanciers antérieurement inscrits, au domicile élu par eux dans leurs inscriptions. Le jugement ne peut intervenir qu'après un mois écoulé depuis la notification.

La résiliation amiable du bail ne devient définitive qu'un mois après la notification qui en a été faite aux créanciers inscrits, aux domiciles élus.

ART. 15. — Tout créancier qui exerce des poursuites de saisie-exécution, et le débiteur contre lequel elles sont exercées, peuvent demander devant le Tribunal de Commerce dans le ressort duquel s'exploite le fonds, la vente du fonds de commerce du saisi avec le matériel et les marchandises qui en dépendent.

Sur la demande du créancier poursuivant, le Tribunal de Commerce ordonne qu'à défaut de paiement dans le délai imparti au débiteur, la vente du fonds aura lieu à la requête dudit créancier, après l'accomplissement des formalités prescrites par l'article 17 de la présente loi.

Il en sera de même si, sur l'instance introduite par le débiteur, le créancier demande à poursuivre la vente du fonds.

S'il ne le demande pas, le Tribunal de Commerce fixe le délai dans lequel la vente du fonds devra avoir lieu à la requête du débiteur, suivant les formalités édictées par l'article 17 ci-après, et il ordonne que, faute par le débiteur d'avoir fait procéder à la vente dans ledit délai, les poursuites de saisie-exécution seront reprises et continuées sur les derniers errements.

Il nomme, s'il y a lieu, un administrateur provisoire du fonds, fixe les mises à prix, détermine les conditions principales de la vente, commet pour y procéder l'officier public qui dresse le cahier des charges.

La publicité extraordinaire, lorsqu'elle est utile, est réglée par le jugement ou, à défaut, par ordonnance du Président du Tribunal de Commerce rendue sur requête.

Il peut, par la décision rendue, autoriser le poursuivant, s'il n'y a pas d'autre créancier inscrit ou opposant, et sauf prélèvement des frais privilégiés au profit de qui de droit, à toucher le prix directement et sur sa simple quittance, soit de l'adjudicataire, soit de l'officier public vendeur, selon les cas, en déduction ou jusqu'à concurrence de sa créance en principal, intérêts et frais.

Le Tribunal de Commerce statue, dans la quinzaine de la première audience, par jugement non susceptible d'opposition, exécutoire sur minute. L'appel du jugement est suspensif ; il est formé dans la quinzaine de sa signification à partie et jugé sommairement par la Cour dans le mois ; l'arrêt est exécutoire sur minute.

ART. 16. — Le vendeur et le créancier gagiste inscrits sur un fonds de commerce peuvent également, même en vertu de titres sous seing privé, faire ordonner la vente du fonds qui constitue leur gage, huit jours après sommation de payer faite au débiteur et au tiers détenteur, s'il y a lieu, demeurée infructueuse.

La demande est portée devant le Tribunal de Commerce dans le ressort duquel s'exploite ledit fonds, lequel statue comme il est dit aux paragraphes 5, 6, 7 et 8 de l'article précédent.

ART. 17. — Le poursuivant fait sommation au propriétaire du fonds et aux créanciers inscrits antérieurement à la décision qui a ordonné la vente, au domicile élu par eux dans leurs inscriptions, quinze jours au moins avant la vente, de prendre communication du cahier des charges, de fournir leurs dires et observations et d'assister à l'adjudication, si bon leur semble.

La vente a lieu dix jours au moins après l'apposition d'affiches indiquant : les noms, professions, domiciles du poursuivant et du propriétaire du fonds, la décision en vertu de laquelle on agit, une élection de domicile dans le lieu où siège le Tribunal de Commerce dans le ressort duquel s'exploite le fonds, les divers éléments constitutifs dudit fonds, la nature de ses opérations, sa situation, les mises à prix, les lieu, jour et heure de l'adjudication, les nom et domicile de l'officier public commis et dépositaire du cahier des charges.

Ces affiches sont obligatoirement apposées, à la diligence de l'officier public, à la porte principale de l'immeuble et de la mairie de la commune où le fonds est situé, du Tribunal de Commerce dans le ressort duquel se trouve le fonds et de l'officier public commis.

L'affiche sera insérée, dix jours aussi avant la vente, dans un journal d'annonces légales du Tribunal de Commerce, et, à défaut, du Tribunal de l'arrondissement où le fonds est situé.

La publicité sera constatée par une mention faite dans le procès-verbal de vente.

Il sera statué, s'il y a lieu, sur les moyens de nullité de la procédure de vente antérieure à l'adjudication, et sur les dépens, par le Président du Tribunal Civil de l'arrondissement où s'exploite le fonds ; ces moyens devront être opposés, à peine de déchéance, huit jours au moins avant l'adjudication. Le paragraphe 8 de l'article 15 est applicable à l'ordonnance rendue par le Président.

ART. 18. — Le Tribunal de Commerce, saisi de la demande en paiement d'une créance se rattachant à l'exploitation d'un fonds de commerce peut, s'il prononce une condamnation et si le créancier le requiert, ordonner par le même jugement la vente du fonds. Il statue dans les termes des paragraphes 5 et 6 de l'article 15 ci-dessus et fixe le délai après lequel, à défaut de paiement, la vente pourra être poursuivie.

Les dispositions de l'article 15, paragraphe 8, et de l'article 17 sont applicables à la vente ainsi ordonnée par le Tribunal de Commerce.

ART. 19. — Faute par l'adjudicataire d'exécuter les clauses de l'adjudication, le fonds sera vendu à sa folle enchère, selon les formes prescrites par l'article 17 ci-dessus.

Le fol enchérisseur est tenu, envers les créanciers du vendeur et le vendeur lui-même, de la différence entre son prix et celui de la revente sur folle enchère, sans pouvoir réclamer l'excédent s'il y en a.

ART. 20. — Il ne sera procédé à la vente séparée d'un ou plusieurs éléments d'un fonds de commerce grevé d'inscriptions, poursuivie soit sur saisie-exécution, soit en vertu de la présente loi, que dix jours au plus tôt après la notification de la poursuite aux créanciers qui se seront inscrits quinze jours au moins avant ladite notification, au domicile élu par eux dans leurs inscriptions. Pendant ce délai de dix jours, tout créancier inscrit, que sa créance soit ou non échue, pourra

assigner les intéressés devant le Tribunal de Commerce dans le ressort
duquel s'exploite le fonds, pour demander qu'il soit procédé à la vente
de tous les éléments du fonds, à la requête du poursuivant ou à sa
propre requête, dans les termes et conformément aux dispositions des
articles 15, 16 et 17 ci-dessus.

Le matériel et les marchandises seront vendus en même temps
que le fonds sur des mises à prix distinctes, ou moyennant des prix
distincts si le cahier des charges oblige l'adjudicataire à les prendre à
dire d'experts.

Il y aura lieu à ventilation du prix pour les éléments du fonds non
grevés des privilèges inscrits.

ART. 21. — Aucune surenchère n'est admise lorsque la vente a
eu lieu dans les formes prescrites par les articles 5, 15, 16, 17, 18, 20
et 23 de la présente loi.

ART. 22. — Les privilèges du vendeur et du créancier gagiste suivent
le fonds en quelques mains qu'il passe.

Lorsque la vente du fonds n'a pas eu lieu aux enchères publiques
en vertu et conformité des articles 5, 15, 16, 17, 18, 20 et 23 de la
présente loi, l'acquéreur qui veut se garantir des poursuites des créanciers inscrits est tenu, à peine de déchéance, avant la poursuite ou dans
la quinzaine de la sommation de payer à lui faite, de notifier à tous les
créanciers inscrits, au domicile élu par eux dans leurs inscriptions :

1º Les nom, prénoms et domicile du vendeur, la désignation précise du fonds, le prix, non compris le matériel et les marchandises,
ou l'évaluation du fonds en cas de transmission à titre gratuit, par voie
d'échange ou de reprise, sans fixation de prix, en vertu de convention
de mariage, les charges, les frais et loyaux coûts exposés par l'acquéreur ;

2º Un tableau sur trois colonnes contenant : la première, la date
des ventes ou nantissements antérieurs et des inscriptions prises ; la
seconde, les noms et domiciles des créanciers inscrits ; la troisième,
le montant des créances inscrites, avec déclaration qu'il est prêt à
acquitter sur-le-champ les dettes inscrites jusqu'à concurrence de son
prix, sans distinction des dettes exigibles ou non exigibles. La notification contiendra élection de domicile dans le ressort du Tribunal de
Commerce de la situation du fonds.

Dans le cas où le titre du nouveau propriétaire comprendrait divers
éléments d'un fonds, les uns grevés d'inscriptions, les autres non
grevés, situés ou non dans le même ressort, aliénés pour un seul et

même prix ou pour des prix distincts, le prix de chaque élément sera déclaré dans la notification, par ventilation, s'il y a lieu, du prix total exprimé dans le titre.

Art. 23. — Tout créancier inscrit sur un fonds de commerce peut, lorsque l'article 21 n'est pas applicable, requérir sa mise aux enchères publiques, en offrant de porter le prix principal, non compris le matériel et les marchandises, à un dixième en sus et de donner caution pour le paiement des prix et charges ou de justifier de solvabilité suffisante.

Cette réquisition, signée du créancier, doit être, à peine de déchéance, signifiée à l'acquéreur et au débiteur précédent propriétaire dans la quinzaine des notifications, avec assignation devant le Tribunal de Commerce de la situation du fonds, pour voir statuer, en cas de contestation, sur la validité de la surenchère, sur l'admissibilité de la caution ou la solvabilité du surenchérisseur, et voir ordonner qu'il sera procédé à la mise aux enchères publiques du fonds avec le matériel et les marchandises qui en dépendent, et que l'acquéreur surenchéri sera tenu de communiquer son titre et l'acte de bail ou de cession de bail à l'officier public commis. Le délai de quinzaine ci-dessus n'est pas susceptible d'augmentation à raison de la distance entre le domicile élu et le domicile réel des créanciers inscrits.

A partir de la signification de la surenchère, l'acquéreur, s'il est entré en possession du fonds, en est de droit administrateur séquestre et ne pourra plus accomplir que des actes d'administration. Toutefois, il pourra demander au Tribunal de Commerce ou au juge référé, suivant le cas, à tout moment de la procédure, la nomination d'un autre administrateur ; cette demande peut également être formée par tout créancier.

Le surenchérisseur ne peut, même en payant le montant de la soumission, empêcher par un désistement l'adjudication publique, si ce n'est du consentement de tous les créanciers inscrits.

Les formalités de la procédure et de la vente seront accomplies à la diligence du surenchérisseur et, à son défaut, de tout créancier inscrit ou de l'acquéreur, aux frais, risques et périls du surenchérisseur et sa caution restant engagée, selon les règles prescrites par les articles 15, paragraphes 5, 6, 7 et 8 ; 16, 17 et 20, paragraphe 3, ci-dessus.

A défaut d'enchère, le créancier surenchérisseur est déclaré adjudicataire.

L'adjudicataire est tenu de prendre le matériel et les marchandises existant au moment de la prise de possession, aux prix fixés par une expertise amiable ou judiciaire, contradictoirement entre l'acquéreur surenchéri, son vendeur et l'adjudicataire.

Il est tenu, au delà de son prix d'adjudication, de rembourser à l'acquéreur dépossédé les frais et loyaux coûts de son contrat, ceux des notifications, ceux d'inscription et de publicité prévus par les articles 2, 3 et 4 ci-dessus, et à qui de droit ceux faits pour parvenir à la revente.

L'article 19 est applicable à la vente et à l'adjudication sur surenchère.

L'acquéreur surenchéri, qui se rendra adjudicataire par suite de la revente sur surenchère, aura son recours tel que de droit contre le vendeur pour le remboursement de ce qui excède le prix stipulé par son titre et pour l'intérêt de cet excédent à compter du jour de chaque paiement.

## CHAPITRE III

SECTION II. — *Formalités de l'inscription. — Obligations du Greffier.*

ART. 24. — Le vendeur ou le créancier gagiste, pour inscrire leur privilège, représentent, soit eux-mêmes, soit par un tiers, au Greffier du Tribunal de commerce, l'un des originaux de l'acte de vente ou du titre constitutif du nantissement s'il est sous seing privé ou une expédition s'il existe en minute. L'acte de vente ou de nantissement sous seing privé reste déposé au Greffe.

Il y est joint deux bordereaux écrits sur papier libre; l'un d'eux peut être porté sur l'original ou sur l'expédition du titre; ils contiennent :

1° Les noms, prénoms et domiciles du vendeur et de l'acquéreur, ou du créancier et du débiteur, ainsi que du propriétaire du fonds si c'est un tiers, leur profession s'ils en ont une;

2° La date et la nature du titre;

3° Les prix de la vente établis distinctement pour le matériel, les marchandises *et les éléments incorporels du fonds,* ainsi que les charges évaluées, s'il y a lieu, ou le montant de la créance exprimée dans le titre, les conditions relatives aux intérêts et à l'exigibilité;

4° La désignation du fonds de commerce et de ses succursales, s'il y a lieu, avec l'indication précise des éléments qui les constituent et sont compris dans la vente ou le nantissement, la nature de leurs opérations et leur siège, sans préjudice de tous autres renseignements propres à les faire connaître ; si *la vente ou le nantissement s'étend à d'autres éléments du fonds de commerce que l'enseigne, le nom commercial, le droit au bail et la clientèle, ces éléments doivent être nommément désignés* ;

5° Élection de domicile par le vendeur ou le créancier gagiste dans le ressort du tribunal de la situation du fonds.

*Les ventes ou cessions de fonds de commerce comprenant des marques de fabrique et de commerce, des dessins ou modèles industriels, ainsi que les nantissements de fonds qui comprennent des brevets d'invention ou licences, des marques ou des dessins et modèles, doivent, en outre, être inscrits à l'Office national de la Propriété industrielle, sur la production du certificat d'inscription délivré par le Greffier du Tribunal de commerce, dans la quinzaine qui suivra cette inscription, à peine de nullité à l'égard des tiers, des ventes, cessions ou nantissements en ce qu'ils s'appliquent aux brevets d'invention et aux licences, aux marques de fabrique et de commerce, aux dessins et modèles industriels.*

*Les brevets d'invention compris dans la cession d'un fonds de commerce restent soumis pour leur transmission aux règles édictées par la section IV du titre II de la loi du 5 juillet 1844.*

Art. 25. — Le Greffier transcrit sur son registre le contenu des bordereaux et remet au requérant tant l'expédition du titre que l'un des bordereaux au pied duquel il certifie avoir fait l'inscription.

Art. 26. — Il mentionne en marge des inscriptions les antériorités, les subrogations et radiations totales ou partielles dont il lui est justifié. Les antériorités et les subrogations pourront résulter d'actes sous seing privé, dûment enregistrés.

Art. 27. — Si le titre d'où résulte le privilège inscrit est à ordre, la négociation par voie d'endossement emporte la translation du privilège.

Art. 28. — L'inscription conserve le privilège pendant cinq années à compter du jour de sa date ; son effet cesse si elle n'a pas été renouvelée avant l'expiration de ce délai.

Elle garantit au même rang que le principal deux années d'intérêts.

Art. 29. — Les inscriptions sont rayées, soit du consentement des parties intéressées et ayant capacité à cet effet, soit en vertu d'un jugement passé en force de chose jugée.

A défaut de jugement, la radiation totale ou partielle ne peut être opérée par le Greffier que sur le dépôt d'un acte authentique de consentement à la radiation donnée par le créancier ou son cessionnaire régulièrement subrogé et justifiant de ses droits.

*La radiation totale ou partielle de l'inscription prise à l'Office national sera opérée sur la production du certificat de radiation délivré par le Greffier du Tribunal de commerce.*

ART. 30. — Lorsque la radiation, non consentie par le créancier, est demandée par voie d'action principale, cette action est portée devant le Tribunal de Commerce du lieu où l'inscription a été prise.

Si l'action a pour objet la radiation d'inscriptions prises dans des ressorts différents sur un fonds et ses succursales, elle sera portée pour le tout devant le Tribunal de Commerce dans le ressort duquel se trouve l'établissement principal.

ART. 31. — La radiation est opérée au moyen d'une mention faite par le Greffier en marge de l'inscription.

Il en est délivré certificat aux parties qui le demandent.

ART. 32. — Les Greffiers des Tribunaux de Commerce sont tenus de délivrer à tous ceux qui le requièrent soit l'état des inscriptions existantes, avec les mentions d'antériorité, de radiations partielles et de subrogations partielles ou totales, soit un certificat qu'il n'en existe aucune ou simplement que le fonds est grevé.

*Un état des inscriptions ou mentions effectuées à l'Office national devra de même être délivré à toute réquisition.*

L'officier public commis pour procéder à la vente d'un fonds de commerce pourra, s'il le juge utile, se faire délivrer par le Greffier copie des actes de vente sous seing privé déposés au Greffe et concernant ledit fonds. Il pourra également se faire délivrer expédition des actes authentiques de vente concernant ce fonds.

ART. 33. — Dans aucun cas, les Greffiers ne peuvent refuser ni retarder les inscriptions ni la délivrance des états ou certificats requis.

Ils sont responsables de l'omission sur leurs registres des inscriptions requises en leur Greffe, et du défaut de mention dans leurs états ou certificats d'une ou plusieurs inscriptions existantes, à moins, dans ce dernier cas, que l'erreur ne provint de désignations insuffisantes qui ne pourraient leur être imputées.

ART. 34. — Le droit d'inscription de la créance du vendeur ou du créancier gagiste est fixé à cinq centimes par cent francs (0 fr. 05 p. 100), sans addition d'aucun décime. Il sera perçu lors de l'enregistrement de l'acte de vente sur le prix ou la portion du prix non payé et lors de l'enregistrement du contrat de nantissement sur le capital de la créance.

Le droit d'inscription dû pour les inscriptions prises soit en renouvellement, soit en vertu de la disposition transitoire ci-après, sera perçu par l'administration de l'enregistrement sur la présentation des bordereaux, avant leur dépôt au Greffe du Tribunal de Commerce.

Sont affranchis du timbre : le registre des inscriptions tenu par le Greffier en exécution de l'article 25, les bordereaux d'inscriptions, les reconnaissances de dépôt, les états, certificats, extraits et copies dressés en exécution de la présente loi, ainsi que les pièces produites pour obtenir l'accomplissement d'une formalité et qui restent déposées au Greffe, et les copies qui en seront délivrées en exécution de l'article 32, paragraphe 3, à la condition que ces pièces mentionnent expressément leur destination.

Les bordereaux d'inscription, ainsi que les états ou certificats et copies d'acte de vente sous seing privé, délivrés par les Greffiers, sont exempts de la formalité de l'enregistrement.

Art. 35. — Le droit d'enregistrement auquel seront assujettis les actes de consentement à mainlevées totales ou partielles d'inscription est fixé à deux centimes et demi par cent francs (0 fr. 025 p. 100) du montant des sommes faisant l'objet de la mainlevée, sans addition d'aucun décime, et la formalité de la radiation au Greffe du Tribunal de Commerce ne donnera lieu à aucun droit.

S'il y a seulement réduction de l'inscription, il ne sera perçu qu'un droit de deux francs (2 fr.) par chaque acte, sans que ce droit puisse excéder toutefois le droit proportionnel qui serait exigible sur la mainlevée totale.

Art. 36. — Le paragraphe ajouté à l'article 2075 du Code civil par la loi du 1er mars 1898 est abrogé.

Art. 37. — La présente loi ne sera exécutoire, sauf ce qui est dit aux paragraphes 1 et 2 de la disposition transitoire, que six mois après sa promulgation, et, dans ce délai, un règlement d'administration publique déterminera toutes les mesures d'exécution de la loi, notamment les émoluments à allouer aux Greffiers des Tribunaux de commerce, *les conditions dans lesquelles seront effectuées à l'Office national de la Propriété industrielle, les inscriptions, radiations et délivrances d'états ou certificats négatifs concernant les ventes, cessions ou nantissements des fonds de commerce qui comprennent des brevets d'invention ou licences, des marques de fabrique et de commerce, des dessins et modèles industriels.*

*Le règlement d'administration publique déterminera, en outre, les droits à percevoir par le Conservatoire des Arts et Métiers, pour le service de l'Office national, sur les inscriptions et mentions d'antériorité, de subrogation et de radiation, les états d'inscription ou certificats qu'il n'en existe aucune.*

ART. 38. — Un règlement d'administration publique déterminera les conditions d'application de la présente loi à l'Algérie et aux Colonies.

## DISPOSITION TRANSITOIRE

Les paragraphes 1, 2, 3, 4 et 6 de l'article premier, les paragraphes 1, 2, 3 et 6 de l'article 2, les paragraphes 1 et 2 de l'article 13, et les articles 14, 22 à 26, 28 à 31, 34 et 35 de la présente loi seront applicables aux ventes de fonds de commerce antérieures à la promulgation de la loi, si les vendeurs ont fait inscrire le privilège dans la quinzaine de cette promulgation.

L'article 2, paragraphes 4 et 5, l'article 6, l'article 13, paragraphes 3, 4, et 5, les articles 15 à 21, 27, 32 et 33 seront applicables dans tous les cas aux ventes antérieures à la promulgation.

Les créanciers gagistes inscrits antérieurement à la promulgation de la loi, et dont l'inscription n'énoncera pas ce qui leur est dû en principal et les conditions relatives aux intérêts et à l'exigibilité, devront la régulariser en la renouvelant conformément à l'article 24 ou, s'ils le préfèrent, par une mention en marge de l'inscription existante, dans les six mois qui suivront la promulgation de la loi, à défaut de quoi cette inscription ne sera pas opposable aux créanciers qui auront satisfait aux dispositions de la présente loi.

La durée des inscriptions de nantissement prises avant la promulgation de la présente loi est limitée à cinq années à compter de la promulgation. Elles devront, à peine d'extinction du privilège, être renouvelées avant l'expiration de ce délai.

---

## LOI du 1ᵉʳ avril 1909, modifiant l'article 37 de la disposition transitoire de la loi du 17 mars 1909, relative à la vente et au nantissement des fonds de commerce.

ARTICLE PREMIER. — La loi du 17 mars 1909, relative à la vente et au nantissement des fonds de commerce, sera exécutoire dès la promulgation de la présente loi, sauf en ce qui concerne les mesures d'application renvoyées à un règlement d'administration publique.

ART. 2. — Pourront se placer sous le régime de la loi du 17 mars 1909, les vendeurs et les créanciers gagistes dont les contrats seront intervenus entre la promulgation de ladite loi et la promulgation de la présente loi, à la charge d'inscrire leur privilège dans la quinzaine de cette dernière promulgation.

ART. 3. — Jusqu'à la publication du règlement d'administration publique prévu par l'article 37 de la loi du 17 mars 1909, les Greffiers des Tribunaux de commerce sont autorisés à percevoir les émoluments fixés par l'article 8, 2°, 4° et 8°, du décret du 23 juin 1892.

ART. 4. — Les deux premiers paragraphes de la disposition transitoire de la loi du 17 mars 1909 sont rectifiés ainsi qu'il suit : « Les paragraphes 1, 2, 3, 4 et 6 de l'article premier, les paragraphes 1, 2, 3, 4 et 7 de l'article 2, les paragraphes 1 et 2 de l'article 13, et les articles 14, 22 à 26, 28 à 31, 34 et 35 de la présente loi, seront applicables aux ventes de fonds de commerce antérieures à la promulgation de la loi, si les vendeurs ont fait inscrire le privilège dans le mois de cette promulgation. L'article 2, paragraphes 4, 5 et 6, l'article 6, l'article 13, paragraphes 3, 4 et 5, et les articles 15 à 21, 27, 32 et 33, seront applicables dans tous les cas aux ventes antérieures à la promulgation. »

---

**DÉCRET du 28 août 1909 portant règlement d'administration publique pour l'exécution des lois des 17 mars et 1ᵉʳ avril 1909 sur la vente et le nantissement des fonds de commerce.**

## TITRE PREMIER

FORMALITÉS RELATIVES A L'INSCRIPTION AU GREFFE DU TRIBUNAL DE COMMERCE DU PRIVILÈGE RÉSULTANT DE LA VENTE OU DU NANTISSEMENT D'UN FONDS DE COMMERCE.

ARTICLE PREMIER. — Les pièces mentionnées à l'article 24 de la loi du 17 mars 1909 et toutes autres pièces produites aux Greffes des Tribunaux de Commerce et des Tribunaux Civils jugeant commercialement, reçoivent un numéro d'entrée au moment de leur production.

Ces pièces sont enregistrées sur un registre à souche et il en est délivré un récépissé extrait dudit registre et mentionnant :

1º Le numéro d'entrée apposé sur les pièces conformément au paragraphe ci-dessus ;

2º La date du dépôt des pièces ;

3º Le nombre et la nature de ces pièces avec l'indication du but dans lequel le dépôt a été fait ;

4º Les noms des parties ;

5º La nature et le siège du fonds de commerc .

Le récépissé est daté et signé par le Greffier auquel il est rendu contre remise de la pièce portant, conformément à l'article 25 de la loi, la certification que l'inscription du privilège a été effectuée.

Le registre est signé par première et dernière feuille, coté et paraphé en tous ses feuillets par le Président du Tribunal. Il est arrêté chaque jour.

ART. 2. — Les Greffiers des Tribunaux ci-dessus mentionnés sont tenus d'avoir, pour l'exécution des articles 1, 2, 10, 24 et 25 de la loi du 17 mars 1909, deux registres destinés, le premier à l'inscription du privilège du vendeur d'un fonds de commerce, le second à l'inscription du privilège résultant du contrat de nantissement d'un fonds de commerce.

Ces registres sont divisés en cinq colonnes destinées à recevoir :

1° Un numéro d'ordre ;

2° Le numéro d'entrée apposé conformément au paragraphe premier de l'article premier ci-dessus ;

3° La mention des antériorités, des subrogations et des changements de siège du fonds ;

4° La copie littérale du bordereau d'inscription, lequel ne doit contenir que les indications prévues à l'article 24 précité et, s'il y a lieu, la réserve de l'action résolutoire établie par l'article 1654 du code civil ;

5° La mention des radiations totales ou partielles.

Ils sont signés, cotés, paraphés et arrêtés comme il est dit ci-dessus.

Les inscriptions sont faites de suite et jour par jour, sans aucun blanc ni interligne.

Chaque registre contient à la fin un répertoire alphabétique des noms des débiteurs ou vendeurs avec l'indication des numéros des inscriptions qui les concernent.

ART. 3. — Le dépôt des actes sous seing privé de vente ou de nantissement de fonds de commerce, prescrit par l'article 24 de la loi du 17 mars 1909, est constaté sur un registre spécial que les Greffiers sont tenus d'avoir.

Ce registre est divisé en deux colonnes :

La première contient le numéro d'ordre du registre.

Dans la seconde est inscrit le procès-verbal de dépôt contenant la date à laquelle il a été fait ; la mention, la date et le coût de l'enregistrement de l'acte ; son numéro d'entrée ; sa nature ; l'indication du nom du créancier et du débiteur ou du vendeur et de l'acheteur, la nature et l'adresse du fonds de commerce.

Ce procès-verbal est signé par le Greffier.

Le registre de dépôt, complété par un répertoire alphabétique des noms des débiteurs ou vendeurs, est signé, coté, paraphé et arrêté comme il est dit ci-dessus.

ART. 4. — Les déclarations de créance faites aux Greffiers en exécution de l'article 7 de la loi du 17 mars 1909 sont inscrites sur un registre à souche que les Greffiers sont tenus d'avoir.

Ce registre est divisé en quatre colonnes destinées à recevoir :

1° Le numéro d'ordre de la déclaration ;

2° Le procès-verbal de la déclaration contenant la date à laquelle elle a été faite, le nom du déclarant, le nom et l'adresse du débiteur avec l'indication de la nature et du siège du fonds dont il est propriétaire, le montant de la créance, l'indication de l'apport du fonds dans une société dont la nature et le siège doivent être déterminés, la date et le numéro du dépôt au Greffe de l'acte de constitution de ladite société.

Ce procès-verbal est signé par le Greffier ;

3° La reproduction du numéro d'ordre ;

4° Le certificat de la déclaration de créance qui doit reproduire succinctement les indications portées à la colonne de la déclaration.

Ce certificat, composé des mentions des troisième et quatrième colonnes du registre, est détaché et remis au déclarant. Il doit être daté et signé par le Greffier.

Le registre de déclaration de créance, complété par un répertoire alphabétique des noms des débiteurs, est signé, coté et paraphé comme il est dit ci-dessus.

Il est arrêté chaque jour.

Art. 5. — Chaque année au mois de décembre, le Président du Tribunal se fait représenter les registres prévus par les articles ci-dessus ; il en vérifie la tenue, s'assure que les prescriptions du présent règlement ont été rigoureusement suivies et en donne l'attestation au pied de la dernière inscription.

Art. 6. — Les registres sur lesquels les privilèges résultant des actes de vente ou de nantissement ont été, entre la date de la promulgation de la loi du 17 mars 1909 et celle de la publication du présent règlement, inscrits en exécution des articles premier et 10 de la loi précitée, doivent mentionner, en marge ou à la suite de ces inscriptions, les antériorités, subrogations et radiations et contenir, à la fin, un répertoire alphabétique des noms des débiteurs ou vendeurs.

En ce qui concerne le dépôt des actes sous seing privé de vente ou de nantissement prescrit par l'article 24 de la loi du 17 mars 1909 et les déclarations de créance prévues par l'article 7 de la même loi qui, antérieurement à la publication du présent décret, n'ont pas été mentionnés sur des registres tenus au Greffe, les Greffiers sont autorisés à ne pas effectuer ces mentions sur des registres conformes aux prescriptions des articles 3 et 4 qui précèdent, mais ils doivent conserver aux minutes du Greffe, par ordre de date et de numéro d'entrée et cotés et paraphés par le Président du Tribunal, les actes sous seing privé de vente ou de nantissement et ceux constatant les déclarations de créance. Un répertoire alphabétique des noms des débiteurs ou vendeurs est dressé et annexé à ces actes.

## TITRE II

### FORMALITÉS DES INSCRIPTIONS ET MENTIONS A L'OFFICE NATIONAL DE LA PROPRIÉTÉ INDUSTRIELLE.

ART. 7. — Lorsque les ventes ou cessions de fonds de commerce comprennent des marques de fabrique et de commerce et des dessins ou modèles industriels et lorsque les nantissements desdits fonds comprennent des brevets d'invention ou licences, des marques ou des dessins et modèles, le certificat d'inscription délivré par le Greffier du Tribunal de commerce, en exécution de l'article 24 de la loi du 17 mars 1909, doit mentionner :

1º En ce qui concerne les ventes, cessions ou nantissements de fonds de commerce comprenant des marques de fabrique ou de commerce :

Les nom, prénoms et adresse du titulaire de la marque déposée conformément à la loi du 23 juin 1857, le Tribunal de Commerce qui a reçu le dépôt, la date à laquelle il a été effectué, ainsi que le numéro de ce dépôt; les produits que la marque sert à distinguer; les noms, prénoms et adresses du vendeur et de l'acquéreur, ou du créancier gagiste et du débiteur en cas de nantissement ;

2º En ce qui concerne les ventes, cessions ou nantissements de fonds comprenant des dessins ou modèles industriels ;

Les nom, prénoms et adresse du titulaire du dessin ou modèle déposé conformément aux lois des 18 mars 1806 et 14 juillet 1909, le Conseil des Prud'hommes ou le tribunal qui a reçu le dépôt et la date à laquelle il a été effectué ; le numéro qui a été attribué au dépôt ; enfin, les noms, prénoms et adresses, soit du vendeur et de l'acquéreur, soit du créancier gagiste et du débiteur, dans le cas de nantissement ;

3º En ce qui concerne les nantissements de fonds qui comprennent des brevets d'invention ou licences ;

Les nom, prénoms et adresse du titulaire du brevet, la date à laquelle il a été déposé, le titre de l'invention, le numéro de délivrance, les noms, prénoms et adresses du créancier gagiste et du débiteur.

Art. 8. — Le certificat de radiation, délivré par le Greffier, en exécution de l'article 29 de la loi du 17 mars 1909, doit contenir les mêmes indications que celles qui sont prévues pour le certificat d'inscription visé à l'article 7.

Art. 9. — Les demandes à fin d'inscription ou de radiation, de mention d'antériorité ou de subrogation, sont déposées ou envoyées par la poste, sous pli recommandé, à l'Office national de la Propriété industrielle, à l'adresse du Ministre du Commerce et de l'Industrie ; elles indiquent les noms, prénoms, domiciles du demandeur et du mandataire, s'il y a lieu ; elles sont accompagnées :

1° Du certificat délivré par le Greffier du Tribunal de Commerce, conformément aux articles 24 ou 29 de la loi du 17 mars 1909, en ce qui concerne les inscriptions et radiations, ou des justifications prévues par l'article 26 de la même loi, en ce qui concerne les antériorités et subrogations ;

2° Du montant approximatif de la taxe fixée par l'article 20 ci-après. En cas d'insuffisance du versement, le déposant ou l'expéditeur sera mis en demeure de compléter la somme due dans un délai déterminé.

Art. 10. — Il est tenu à l'Office national de la Propriété industrielle, pour l'enregistrement des demandes prévues à l'article précédent, un registre journal à souche sur lequel ces demandes sont portées dans l'ordre de leur arrivée à l'Office.

Elles reçoivent un numéro d'entrée au moment de leur production.

Il en est délivré un récépissé extrait du registre à souche et constatant la matérialité du dépôt.

Art. 11. — Dans aucun cas l'Office national de la Propriété industrielle ne peut refuser les certificats qu'il est requis de transcrire sur ces registres, lorsque le dépôt en a été fait dans les formes prescrites par l'article 9 du présent règlement.

Art. 12. — Les certificats d'inscription ou de radiation sont transcrits sur un registre spécial dûment coté et paraphé. La copie de chaque certificat porte, en tête, le jour du dépôt, les nom, prénoms et domicile du requérant et ceux du mandataire s'il y a lieu.

Il est fait mention des subrogations et radiations en marge des inscriptions antérieurement portées sur le registre.

Il est tenu, pour ce registre, deux répertoires alphabétiques contenant, l'un les noms des parties, l'autre, l'indication des marques de fabrique ou de commerce, des dessins et modèles et des brevets d'invention avec la mention des numéros des inscriptions qui les concernent.

ART. 13. — Les inscriptions ou radiations, les mentions d'antériorité et de subrogation prévues par l'article qui précède sont consignées, dans les archives de l'Office national, sur les registres du dépôt central, en regard des marques de fabrique ou de commerce, sur ceux des dessins et modèles, s'il y a lieu, ou sur les arrêtés de délivrance des brevets d'invention que les inscriptions, radiations et mentions précitées concernent. A défaut de place sur les registres du dépôt central des marques, sur ceux des dessins et modèles ou sur les titres des brevets, les mentions ci-dessus prescrites sont portées sur des pièces spéciales, revêtues de la signature du Directeur de l'Office, qui sont annexées auxdits registres ou versées aux dossiers des brevets.

ART. 14. — Un certificat reproduisant succinctement les indications portées sur le registre prévu à l'article 12 ci-dessus et les mentions effectuées en vertu de l'article 13, et daté et signé par le Directeur de l'Office, est délivré au déposant.

ART. 15. — Le registre spécial prévu à l'article 12 qui précède peut être consulté, sans frais, à l'Office national de la Propriété industrielle.

Les mentions portées, en exécution de l'article 13 ci-dessus, aux archives de l'Office national, sur les registres des marques de fabrique ou de commerce, sur ceux des dessins et modèles, sur les arrêtés de délivrance des brevets d'invention ou sur les pièces annexées auxdits registres et arrêtés, sont communiquées au public dans les mêmes conditions que les marques de fabrique, les dessins et modèles et les brevets d'invention.

ART. 16. — Toute personne peut se faire délivrer, à titre de simple renseignement, à la condition d'acquitter, au préalable, les taxes prévues par le présent règlement et sur une demande écrite adressée à l'Office national de la Propriété industrielle, sous le couvert du Ministre du Commerce et de l'Industrie, un état des inscriptions et mentions et des mentions d'antériorité et de subrogation portées sur les registres et consignées aux archives ainsi qu'un certificat négatif.

ART. 17. — Les différentes inscriptions, radiations et mentions demandées à l'Office national depuis la promulgation de la loi du 17 mars 1909, et avant la mise en vigueur du présent règlement, sont portées, dans l'ordre du dépôt des demandes à l'Office national, sur le registre prévu à l'article 12 ci-dessus et consignées aux archives de l'Office sur les registres des marques de fabrique ou de commerce et sur les arrêtés de délivrance des brevets d'invention.

# TITRE III

## ÉMOLUMENTS ET DROITS

SECTION PREMIÈRE. — *Fixation des émoluments des Greffiers.*

ART. 18. — Il est alloué aux Greffiers :

Pour l'apposition du numéro d'entrée et l'établissement tant de la souche que du récépissé prévus à l'article premier ci-dessus, 50 centimes.

Pour la transcription d'un bordereau sur l'un des deux registres institués par l'article 2 et pour la certification de l'inscription au pied du bordereau, 1 franc.

Pour toute mention, sur les mêmes registres, d'antériorité, de subrogation ou de changement de siège du fonds, 50 centimes.

Pour toute mention de radiation totale ou partielle ou de renouvellement d'inscription, 1 franc.

Pour la rédaction du procès-verbal de dépôt prévu à l'article 3 du présent décret, 50 centimes.

Pour tout certificat d'inscription des ventes, cessions ou nantissements en ce qu'ils s'appliquent aux brevets d'invention et aux licences, aux marques de fabrique et de commerce, aux dessins et modèles industriels, prévu à l'article 24 de la loi du 17 mars 1909, 1 franc.

Pour tout état d'inscription (par inscription) ou tout certificat de radiation, 1 franc.

Pour tout certificat négatif d'inscription, 1 franc.

Pour la rédaction de la déclaration de créance en vertu de l'article 17 de la loi du 17 mars 1909 et pour la délivrance du certificat qui la constate, 1 franc.

Pour tout certificat de déclaration de créance, 1 franc.

Pour la délivrance des copies des actes de vente sous seing privé déposés et des expéditions des actes authentiques de vente de fonds de commerce, par chaque rôle d'expédition, 60 centimes.

ART. 19. — L'accomplissement des formalités prescrites par les lois des 17 mars et 1er avril 1909 et le présent règlement ne peut donner lieu, pour les Greffiers, à aucune perception autre que celles prévues à l'article 18 ci-dessus

SECTION II. — *Fixation des droits dûs pour le service de l'Office national de la Propriété industrielle.*

ART. 20. — Les formalités d'inscription et de radiation, les mentions d'antériorité et de subrogation, ainsi que la délivrance des états d'inscription et de mention ou de certificats qu'il n'en existe aucune, donnent lieu à la perception, par le Conservatoire national des Arts et Métiers, pour le service de l'Office national de la Propriété industrielle, des taxes ci-après :

Enregistrement de la demande sur le registre journal, apposition du numéro d'entrée et établissement tant de la souche que du récépissé prévus à l'article 10 qui précède, 50 centimes.

Inscription, sur le registre institué par l'article 12, relative soit à la vente ou au nantissement d'un fonds de commerce comprenant des marques de fabrique ou de commerce, ou des dessins ou modèles, soit au nantissement d'un fonds de commerce comprenant des brevets d'invention ou des licences et radiation de ces inscriptions, 1 franc.

Mention, sur le même registre, d'antériorité ou de subrogation, 50 centimes.

Mention prescrite par l'article 13 ci-dessus, aux archives de l'Office national, sur les registres du dépôt central des marques de fabrique, sur ceux des dessins ou modèles, ou sur les arrêtés de délivrance des brevets d'invention, et radiation de ces mentions, y compris l'établissement d'un bordereau destiné à la recherche et à l'identification des marques, dessins, modèles ou brevets, 1 fr. 50.

Certificat prévu à l'article 14 du présent décret, 50 centimes.

Pour la mention ci-dessus prescrite sur les registres des marques de fabrique ou des dessins ou modèles, ou sur les arrêtés de délivrance des brevets d'invention, pour chaque marque en sus de la première ou pour chaque brevet, dessin ou modèle en sus du premier :

Jusqu'à 50, 1 franc ;

De 51 à 100, 50 centimes ;

Au-dessus de 100, 25 centimes.

Délivrance d'un état d'inscription ou de mention, ou d'un certificat de radiation, concernant pour un même intéressé, soit une ou plusieurs marques de fabrique ou de commerce, soit un ou plusieurs brevets, une ou plusieurs licences, soit un ou plusieurs dessins ou modèles, ou délivrance d'un certificat négatif, 1 franc.

Art. 21. — Le montant de ces diverses taxes doit être acquitté, lors du dépôt de la demande, entre les mains de l'agent comptable du Conservatoire national des Arts et Métiers ou être envoyé par la poste.

## TITRE IV

### TAXATION DES FRAIS DE L'ADMINISTRATION PROVISOIRE

Art. 22. — Les frais et indemnités dûs, s'il y a lieu, à l'administrateur provisoire nommé par application de l'article 15, paragraphe 5, de la loi du 17 mars 1909, sont taxés par le Président du Tribunal de Commerce.

---

**CIRCULAIRE** adressée le 26 novembre 1909 par le Garde des Sceaux, Ministre de la Justice, à MM. les Procureurs généraux, relativement à l'application des dispositions du décret du 28 août 1909 concernant les inscriptions et mentions à opérer à l'Office national de la Propriété industrielle en matière de ventes, cessions ou nantissements comprenant des marques de fabrique ou de commerce, des dessins ou modèles industriels et des brevets d'invention ou licences.

Le décret du 28 août 1909, publié au *Journal Officiel* du 31 du même mois et portant règlement d'administration publique pour l'exécution des lois des 17 mars et 1er avril 1909 sur la vente et le nantissement des fonds de commerce, contient, sous le titre II, des dispositions relatives aux inscriptions et mentions à opérer à l'Office national de la Propriété industrielle lorsque les ventes, cessions ou nantissements comprennent des marques de fabrique ou de commerce, des dessins ou modèles industriels, et des brevets d'invention ou licences.

M. le Ministre du Commerce et de l'Industrie m'a signalé que l'Office national de la Propriété industrielle se trouve souvent dans l'impossibilité de remplir les formalités qui lui incombent, notamment en vertu de l'article 13 dudit décret, parce que les certificats d'inscription de radiation, et de mention d'antériorité ou de subrogation qui lui sont produits ne sont pas rédigés conformément aux articles 7 et 8 et ne comprennent pas toutes les mentions essentielles prescrites par ces textes.

Je vous prie de vouloir bien rappeler aux Greffiers des Tribunaux de Commerce et des Tribunaux civils jugeant commercialement de votre ressort, que les dispositions des articles susvisés sont impératives, et tenir la main à ce qu'elles soient strictement respectées, à l'avenir, leur inobservation étant de nature à causer le plus grave préjudice aux intéressés et à exposer les officiers publics négligents à des actions en dommages-intérêts.

Il m'a été signalé, au contraire, que les bordereaux d'inscription remis aux Greffiers atteignaient souvent des proportions exagérées par suite de l'insertion de clauses inutiles ou de mentions non exigées par la loi et les dispositions réglementaires.

Je vous prie, à ce point de vue, de rappeler aux officiers publics et ministériels de votre ressort, et plus particulièrement aux notaires, qu'aux termes de l'article 2, 4° du décret du 28 août 1909, le bordereau d'inscription « ne doit contenir que les indications prévues à « l'article 24 précité (de la loi du 17 mars 1909) et, s'il y a lieu, la « réserve de l'action résolutoire établie par l'article 1654 du Code « civil. »

# TABLE DES MATIÈRES

## NOM COMMERCIAL

## INDICATIONS DE PROVENANCE

PAR. GUME & IMP. L. CÉCLER
AUX CHAPELLES, PAR PAON-LÉTANG (SEINE)
8.2. RUE DE LA BIENFAISANCE, PARIS.

# DE LAHARPE

# NOTES & FORMULES

## DE L'INGÉNIEUR

## et du Constructeur=Mécanicien

MATHÉMATIQUES, MÉCANIQUE,

ÉLECTRICITÉ, CHEMINS DE FER, MINES,

MÉTALLURGIE, ETC.

*Par un Comité d'Ingénieurs, sous la Direction de*

### CH. VIGREUX
INGÉNIEUR DES ARTS ET MANUFACTURES

### CH. MILANDRE
INGÉNIEUR CIVIL

## 16ᴱ ÉDITION

Revue, corrigée et considérablement augmentée,
contenant 2.000 pages et 1.500 figures

*suivi d'un*

## VOCABULAIRE TECHNIQUE en Français, Anglais, Allemand

Prix de l'ouvrage cartonné : 12 fr. 50, franco de port

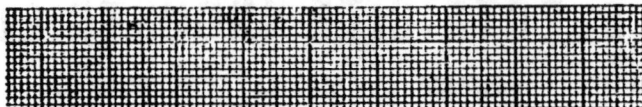